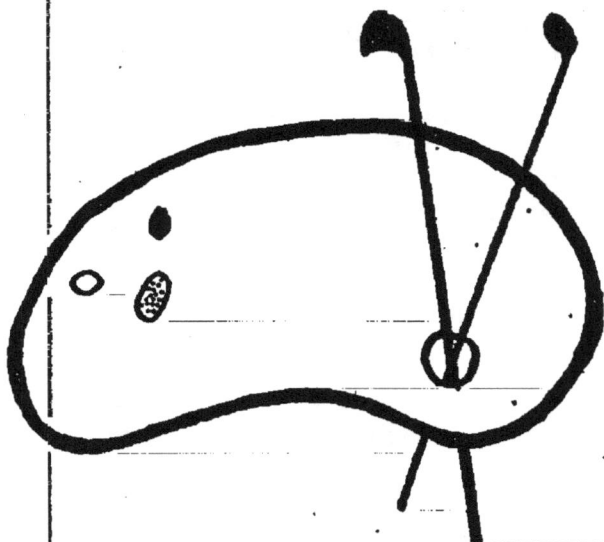

DEBUT D'UNE SERIE DE DOCUMENTS
EN COULEUR

SCIENCE ET RELIGION

Études pour le temps présent

L'ATTITUDE DU CATHOLIQUE
DEVANT LA SCIENCE

PAR

George L.-FONSEGRIVE

DEUXIÈME ÉDITION

PARIS

LIBRAIRIE BLOUD ET BARRAL

4, RUE MADAME ET RUE DE RENNES, 59

1900

SCIENCE ET RELIGION

Études pour le temps présent. — Prix : 0 fr. 60 le vol.

ST-AMAND (CHER). — IMPRIMERIE DESTENAY, BUSSIÈRE FRÈRES

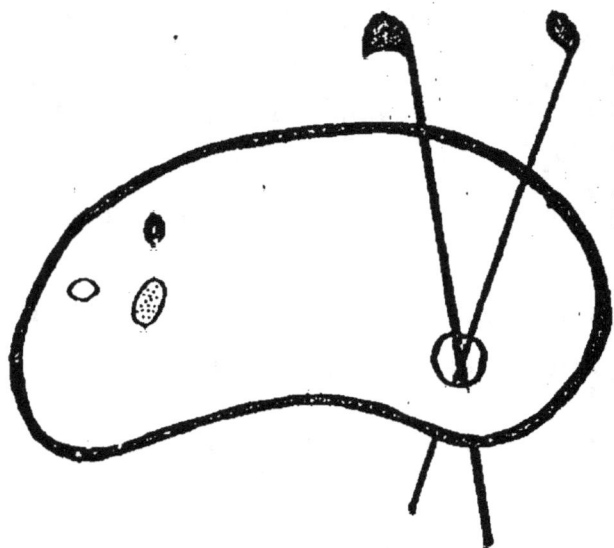

FIN D'UNE SERIE DE DOCUMENTS
EN COULEUR

SCIENCE ET RELIGION
Études pour le temps présent

L'ATTITUDE DU CATHOLIQUE DEVANT LA SCIENCE

PAR

George L.-FONSEGRIVE

DEUXIÈME ÉDITION

PARIS
LIBRAIRIE BLOUD ET BARRAL
4, RUE MADAME ET RUE DE RENNES, 59
1900

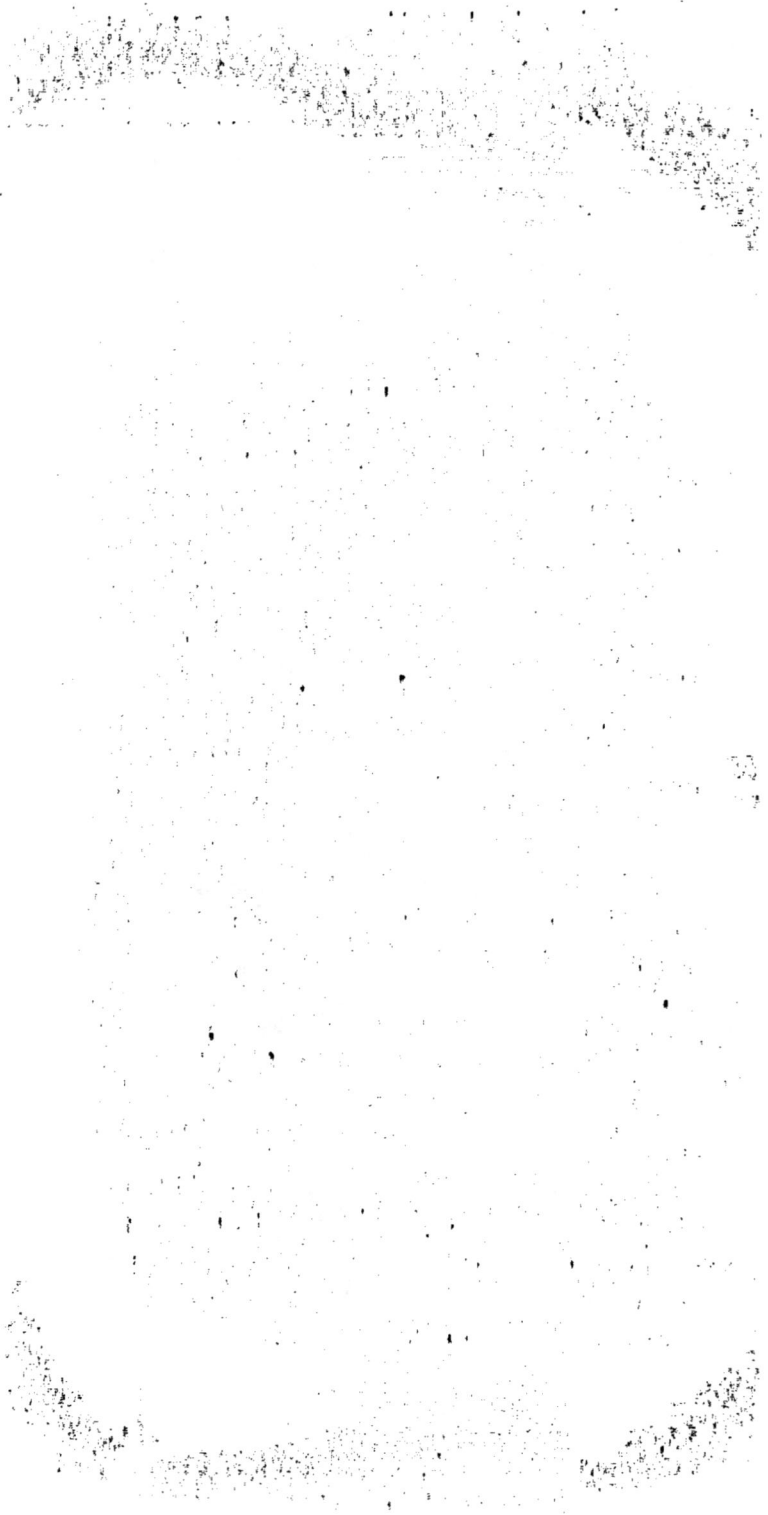

L'ATTITUDE DU CATHOLIQUE
DEVANT LA SCIENCE

CHAPITRE PREMIER

LA PRÉTENDUE ANTINOMIE ENTRE LA FOI ET LA SCIENCE

C'est une sorte de lieu commun répété partout qu'il y a entre le catholicisme et la science une incompatibilité essentielle. On ne dit pas, on n'ose pas dire qu'aucun catholique jamais n'a été savant, cependant on répète et on soutient que, entre l'idée ou l'essence du catholicisme et l'idée ou l'essence de la science, il y a une véritable et nécessaire contradiction.

Aussi l'espèce d'argument expérimental ou, comme on dit, de leçon de choses que l'on a voulu donner par la fondation et le développement des Congrès scientifiques des catholiques tenus à Paris, à Louvain et à Fribourg, quelle que soit son importance pour agir sur l'opinion, n'a pas la valeur absolument démonstrative que quelques-uns ont voulu lui attribuer. Vous montrez au public des savants catholiques assemblés, savants incontestés, catholiques déclarés, et vous dites : La preuve que la science et le catholicisme peuvent coexister dans le même esprit, c'est qu'en fait ils coexistent. Ces hommes, ces chercheurs, sont des catholiques, ils prient avec nous, mêlent leurs noms aux nôtres pour affirmer leur croyance et cependant ils font œuvre de savants, leurs travaux sont conduits d'après les méthodes les plus rigoureuses, leurs pairs s'y réfèrent dans les académies ou les universités, la pureté de la science de ces savants n'est donc pas altérée par la sincérité de leur foi. On ne peut donc pas formuler avec vérité la proposition universelle : *La science et le catholicisme ne peuvent coexister* ou, ce qui est la même chose : *Aucun catholique ne peut être véritablement savant*, puisque l'expérience établit que la contradictoire, comme disent les logiciens, est vraie, à savoir qu'*Il y a des catholiques véritablement savants*. Car de deux contradictoires si l'une est vraie, l'autre est fausse ; or est-il que *Quelques catholiques sont vraiment savants*, donc il est faux de dire qu'*Aucun catholique ne peut l'être*.

On croit ainsi avoir donné une démonstration victorieuse. On oublie la possibilité des distinctions et des précisions. Jamais les adversaires du catholicisme n'ont nié qu'un catholique pût être savant dans quelque science particulière, l'exemple d'un Ampère ou d'un Cauchy aurait à lui seul suffisamment répondu. Ils n'ont jamais prétendu qu'un catholique ne pouvait pas être très bon astronome, excellent chimiste, physicien prestigieux ou génial mathématicien, ils ont soutenu et, malgré le succès croissant des congrès scientifiques des catholiques, ils soutiennent encore que le catholicisme est incompatible non pas avec telle ou telle science qui intéresse plus ou moins la foi, mais avec la science prise dans son acception véritablement essentielle et universelle, en particulier avec les sciences qui font porter leurs investigations sur des données de la foi, telles que la métaphysique, la morale, la philologie, l'histoire. Il est, disent-ils, interdit au catholique de traiter scientifiquement les objets de foi. Il y a donc toute une province de la science interdite au catholique, le catholique peut bien ici ou là faire, par accident, œuvre de savant, il ne sera jamais, il ne peut pas être un savant dans toute l'universelle acception du mot. Car, reprenant à leur tour les formes logiques, les advertaires du catholicisme peuvent dire : L'idée de la science n'est achevée que si elle s'étend à toutes les sciences, à l'universalité du savoir ; or est-il que certaines sciences sont interdites au catholique, donc un catholique ne peut remplir l'idée tout entière de la science, il y a entre le catholicisme et la science une incompatibilité essentielle.

Voilà, je crois, nettement posé le problème de l'antinomie au moins apparente entre la science et la foi. On a cru trop souvent que ce problème pouvait se résoudre en répondant une à une aux objections élevées par tel ou tel savant contre telle ou telle proposition dogmatique. Ces réponses ne constituent et ne peuvent constituer, si rigoureuses qu'elles puissent être, que des expédients passagers. Et de même on a insisté plus que de raison sur l'accord réel ou prétendu entre telle ou telle découverte de la science et telle ou telle donnée de la foi. La défense des Livres saints en particulier a pris trop souvent des formes naïvement scientifiques. Il semblait, à voir la façon dont on s'appuyait sur telle ou telle vue de la science, que la véracité de la Bible tout entière y fût suspendue.

Et l'on a assisté à ce spectacle de certains apologistes obligés de changer, en même temps que changeaient les interprétations des académies, toute leur apologétique. C'est ainsi que Champollion-Figeac ou Cuvier furent invoqués d'abord en faveur du Pentateuque et qu'il a fallu après reconnaître que Champollion-Figeac et Cuvier s'étant mépris, le Pentateuque devait être autrement interprété. De là ces opinions successives des exégètes sur l'antiquité de la race humaine, sur l'universalité du déluge qui ne sauraient émouvoir un croyant instruit, mais qui attirent à notre apologétique des railleries et risquent de troubler les simples.

L'accord, du reste, fût-il entièrement et clairement établi entre toutes les propositions de la science et les quelques données de la foi qui leur correspondent, toutes les objec-

tions scientifiques fussent-elles résolues, le problème philosophique de l'accord nécessaire et universel n'en subsistera
pas moins. Toujours pourrait planer le soupçon sur la pers-
picacité ou la probité, l'intégrité scientifique de l'apologiste.
Il faut avant toute chose qu'il puisse bien établir que sa foi
n'altère en rien l'intégrité spécifique de sa pensée scientifique. Et c'est bien de cette intégrité suspectée que sont nées
tant de tapageuses déclamations contre l'« obscurantisme »
des catholiques. Si, en effet, il y avait entre la science et la
foi une incompatibilité essentielle et radicale, cela établirait
bien que les croyants doivent être les ennemis de la science,
que les progrès du savoir et des lumières doivent les avoir
pour adversaires et que toute leur politique intellectuelle
doit avoir pour symbole un éteignoir.

> Eteignons, éteignons, éteignons les lumières,

chantait Béranger. Et l'on peut voir dans les bazars à deux
sous des éteignoirs cachés sous la robe en faïence d'une fi-
gurine en rabat et en tricorne. C'est ainsi que des hauteurs
du Collège de France, où enseignent un Quinet ou un
Renan, l'idée de l'opposition entre la science et la foi des-
cend dans les chansons de la rue, dans le grossier symbo-
lisme des bibelots dont le peuple orne son chez soi.

Je n'ai pas ici à examiner si jamais les catholiques n'ont
commis de fautes de conduite, si, troublés eux-mêmes par
les cris des adversaires, ils n'ont pas plus d'une fois tenu les
savants en suspicion, s'ils n'ont pas eu l'imprudence de se
livrer à des déclamations contre la science, si enfin, dans
les temps modernes, ils n'ont pas été infidèles à leurs traditions du moyen âge, où les Papes, les Evêques et les
Moines furent les promoteurs de tout le mouvement intellectuel. Il se peut que le passage des sciences profanes, des
sciences de la nature aux mains laïques, ait quelque peu
déconcerté le clergé. Il y a eu certainement des malen-

tendus, des tiraillements et des luttes même. Mais tout cela constitue l'immense contingence des faits. Quand même par suite de circonstances diverses il y aurait eu une opposition de fait entre l'Eglise et la science, — et il n'y a eu que de partiels et transitoires dissentiments ; — quand même l'opposition aurait été de tous les lieux, de toutes les heures, cela encore ne prouverait rien, cela établirait simplement que les catholiques et les savants ont lutté entre eux, mais non qu'ils doivent lutter toujours, qu'ils ne se sont pas entendus, mais non qu'ils ne peuvent pas s'entendre. Ce que je voudrais examiner ici c'est le fond même de la question, le problème de la contradiction ou de la non-contradiction essentielle entre l'idée de Science et l'idée de Foi. Ce problème, portant sur l'essence et non sur les faits, n'est donc pas un problème historique, mais un problème d'ordre purement philosophique et logique. Je vais donc, après avoir exposé les raisons que l'on allègue pour établir qu'il y a contradiction, examiner la valeur de ces raisons en mettant face à face l'idée ou la définition de la Science avec l'idée ou la définition de notre Foi catholique. Et peut-être verra-t-on après, par la seule considération de ces deux idées, que loin d'être adversaires, ennemies ou contradictoires, elles sont au contraire très voisines, s'appellent et se renforcent l'une l'autre, au point de paraître, malgré leurs essentielles diversités, véritablement de même famille.

Facies non omnibus una,
Nec diversa tamen, qualis decet esse sororum.

I

La liberté dans la science, l'autorité dans le catholicisme.

Quelle est donc dans l'essence de la science la qualité ou détermination qui pourrait la mettre en opposition avec le catholicisme ? C'est, nous répondent Renan, M. Renouvier et tous les autres avec ou après eux, que la science n'est science qu'à la condition d'être libre, tandis que le catholicisme n'est catholicisme qu'à la condition de professer des croyances déterminées. La science a sa source dans la liberté, le catholicisme est autorité. La science, c'est la libre recherche, la libre investigation, d'un seul mot, le libre examen ; le catholicisme, c'est l'obéissance absolue aux définitions dogmatiques, l'anathème porté contre le libre examen. La science, c'est la pensée libre, le catholicisme, c'est la pensée serve.

Pas de science, en effet, sans un doute préalable, car à quoi bon chercher si l'on est déjà certain ? Et le doute doit porter sur tout, il n'est rien qui doive être soustrait à l'examen du savant. Descartes a posé dans le *Discours de la Méthode* la règle et le modèle du véritable processus de la pensée scientifique. Il faut « ne recevoir pour vrai que ce que l'on reconnaît évidemment être tel », par conséquent, examiner toutes les propositions pour savoir si elles sont ou non évidentes et par suite encore douter de ces propositions tout le temps qu'elles demeurent soumises à notre examen. C'est ce que Fénelon appelait « le doute universel du vrai philosophe », ce que Descartes a mis lui-même en pratique en rejetant « hors de sa créance » toutes les propositions qui lui avaient paru jusque-là les plus assurées et les plus certaines.

C'est la même doctrine que professe Claude Bernard : « La première condition que doit remplir un savant qui se livre à l'investigation de phénomènes naturels, c'est de conserver une entière liberté d'esprit assise sur le doute philosophique... Si une idée se présente à nous, nous ne devons pas la repousser par cela seul qu'elle n'est pas d'accord avec les conséquences logiques d'une théorie régnante (1). »

Donc le libre examen et conséquemment le doute sont des conditions d'existence de la science. Or, le catholicisme oblige le savant non pas à ne pas douter, le doute peut être un mouvement involontaire de l'esprit, mais à ne pas donner son acquiescement à un doute qui porterait sur un article de foi. Le catholique n'a pas le droit, sans cesser d'être catholique, de consentir à douter de la Trinité, de l'Eglise, de l'infaillibilité du Pape, de la divinité de la Révélation. Conséquemment il n'est pas loisible au catholique d'examiner librement les propositions de foi. Alors même qu'il a l'air de les traiter rationnellement, qu'il essaie de les prouver, il est dominé par le préjugé, il sait d'avance où doit aboutir son raisonnement, il ne saurait sans forfaiture le faire aboutir qu'à la proposition dogmatique préalablement et en dehors des voies rationnelles, reconnue pour vraie, affirmée comme certaine. Cet état de croyance antérieur aux démarches de la raison et avoué comme supérieur à ces démarches ne peut que créer dans l'esprit une prévention qui conditionnera à peu près infailliblement les démarches rationnelles, qui risque de les faire gauchir insensiblement, en sorte que la prétendue démonstration, au lieu d'être un produit pur de la logique et de la raison, laisse à peu près nécessairement pénétrer en elle des éléments psychologiques et plus ou moins volontaires qui ne

1. *Introduction à la médecine expérimentale*, ch. II, § 3. — 1 vol. in 8°, Paris, J.-B. Baillière, 1865, pp. 63, 64.

peuvent que l'altérer, que la transformer en paralogisme.
Et cela sans que l'esprit du croyant, dominé par son préjugé, puisse s'en douter, sans qu'il puisse arriver à démê-
ler, dans la suite des propositions liées par les « or », les
« mais » et les « donc », ce qui est extérieur à la raison,
à la logique et par conséquent à la science.

Voilà ce qu'on veut dire en d'autres termes, alors qu'on
soutient que la science revendique dans les temps modernes son « autonomie », qu'elle doit ne dépendre que
d'elle-même, que, semblable en cela à la philosophie, elle
doit être libre et indépendante et n'être l'esclave ou la ser-
vante d'aucune autorité extérieure, quelle qu'elle soit. La
raison ne relève que d'elle-même, elle ne peut se soumettre
sans se détruire à qui que ce soit, à quoi que ce soit.

C'est ce qu'exprimait tout récemment en ces termes
M. Sabatier :

« L'unité de principe, à laquelle se ramènent toutes les manifestations et tendances générales de l'esprit moderne dans tous les
ordres, n'est point difficile à découvrir. Un mot l'exprime : c'est
le mot d'*autonomie*, par où j'entends la certitude invincible qu'a
l'esprit humain, arrivé au degré actuel de son développement,
d'avoir en soi la norme de sa vie et de ses pensées, avec le désir
profond de se réaliser soi-même en obéissant à sa loi. Quelques
exemples suffiront pour mettre en pleine lumière ce principe d'unité.
On fait habituellement remonter jusqu'à Descartes et à son
Discours de la Méthode (1637) l'origine de la philosophie moderne. Celle-ci ne commence réellement qu'avec l'effort que fait
l'esprit pour rentrer en lui-même et se saisir immédiatement dans
le phénomène initial de conscience. Or, qu'est-ce que le doute
méthodique, je veux dire, cette résolution préliminaire de mettre
tout en question, sinon le rejet des autorités extérieures ou tradi-
tionnelles et des idées fondées uniquement sur la coutume ou sur
la parole d'un maître ? Et, d'autre part, qu'est-ce que le principe
cartésien de ne tenir pour vrai que ce qui paraît évidemment être
tel, sinon la reconnaissance effective que la raison a sa loi en
elle-même, c'est-à-dire la revendication triomphante de l'autonomie de la pensée ? Cette autonomie de la philosophie n'a cessé
depuis lors de s'affirmer, de s'étendre et de s'approfondir avec
Leibnitz, Locke, Hume et Kant, si bien qu'aujourd'hui, la méthode d'autorité, quand elle se montre encore en ce domaine,
n'apparaît plus que comme un puéril anachronisme.

Avec Kant, l'autonomie de la morale a suivi celle de la philosophie. La conscience n'est pas moins indépendante et souveraine
aujourd'hui que la raison. Le devoir, pour être reconnu comme
tel, doit sortir de la loi impérative intérieure. Une autorité
externe, quelque grande qu'on la suppose, ne suffit pas pour créer
le sentiment de l'obligation. Ses prescriptions, pour strictes et so-
lennelles qu'elles soient, du moment qu'elles viennent uniquement
du dehors, sont tenues pour arbitraires et restent, pour l'homme
moderne, hors de la sphère morale proprement dite.

Si de la philosophie et de la morale nous passons aux sciences
physiques, nous voyons clairement que la méthode d'observation,
devenue souveraine dans ce domaine, se ramène également au
même principe cartésien. Vouloir constater les faits par soi-même,
mettre l'expérience au-dessus de toute autorité, c'est encore faire
de l'esprit le juge suprême en matière de connaissances natu-
relles. La révolution accomplie dans cet ordre par Galilée et ses
successeurs achève et confirme celle de Descartes et des philosophes. Les décisions autoritaires de l'Eglise ou des anciennes
écoles ont été vaincues par la méthode expérimentale ; car celle-ci
n'est, à la bien prendre, qu'une application, dans l'ordre des lois
et des phénomènes de la nature, et une démonstration pratique de
l'autonomie de l'esprit.

Il faut en dire autant du développement non moins irrésistible
qu'ont pris, depuis deux siècles, la philologie scientifique, l'exé-
gèse grammaticale et la critique historique. Les découvertes faites
sur le passé de l'humanité, l'étude persévérante des monuments
et des textes, la revision sévère de toutes les traditions n'ont pas
opéré, dans notre manière de considérer l'histoire de la race humaine et l'histoire des religions en particulier, une révolution
moins profonde que la méthode expérimentale, dans notre manière
de concevoir l'univers. Au fait, la méthode historique et critique, c'est encore une forme et un prolongement de la méthode
expérimentale elle-même, c'est-à-dire toujours le triomphe du
principe d'autonomie. Nul témoignage extérieur ne prévaut aujourd'hui contre la loi intérieure et propre de la raison, car cette
loi souveraine juge toujours et le témoignage et le témoin. Quand
nous cédons au témoignage d'autrui, c'est encore à notre esprit
que nous cédons, car nous estimons en définitive que cela est raisonnable, si bien que le consentement de nous à nous-mêmes apparaît de plus en plus comme l'unique fondement de toute rationa-
lité, aussi bien que toute *moralité* humaines (1). »

Or, voici ce qu'en face de ces assertions, le catholicisme
enseigne : « Nous définissons que toute assertion contraire

1. *La Religion et la Culture moderne*, p. 10. broch. in-8
FISCHBACHER, 1897.

« à la vérité illuminée de la foi est fausse de tout point.
« Donc l'Eglise, qui a reçu en même temps que la charge
« apostolique de l'enseignement, l'ordre de garder le dé-
« pôt de la foi, a le droit et même le devoir divin de pros-
« crire ce qui prend le faux nom de science, de peur que
« quelqu'un ne se laisse séduire par une philosophie et par
« une sophistique vaine. C'est pourquoi tous les chrétiens
« fidèles en face de ces opinions qui sont reconnues con-
« traires à la doctrine de la foi, surtout si elles ont été
« expressément réprouvées par l'Eglise, non seulement ne
« peuvent pas les défendre comme des conclusions légi-
« times de la science, mais ils doivent bien plutôt les re-
« garder comme des erreurs qui présentent une trompeuse
« apparence de vérité (1). » Et le Concile exprime plus
nettement encore s'il est possible, sa pensée, dans le canon
suivant : « Si quelqu'un dit que les sciences humaines
« doivent être traitées avec une liberté telle que leurs affir-
« mations, alors même qu'elles s'opposent à la vérité révélée,
« peuvent être regardées comme vraies et ne peuvent être
« condamnées par l'Eglise ; qu'il soit anathème (2) », c'est-
à-dire qu'il ne soit plus regardé comme catholique, qu'il
soit mis à la porte (ana tithemi) du catholicisme.

1. Omnen igitur assertionem veritati illuminatæ fidei contrariam
omnino falsam esse definimus. Porro Ecclesia, quæ una cum apos-
tolico munere docendi, mandatum accepit fidei depositum custo-
diendi, jus etiam et officium divinitus habet falsi nominis scien-
tiam proscribendi, ne quis decipiatur, per philosophiam et inanem
fallaciam. Quapropter omnes christiani fideles hujusmodi opiniones
quæ fidei doctrinæ contrariæ esse cognoscuntur, maxime si ab
Ecclesia reprobatæ fuerint, non solum prohibentur tanquam legi-
timas scientiæ conclusiones defendere, sed pro erroribus potius
qui fallacem veritatis speciem præ se ferant, habere tenentur
omnino. (Conc. Vat. Const. De fide, III, c. IV, 3.)

2. Si quis dixerit disciplinas humanas ea cum libertate tractandas
esse, ut earum assertiones etsi doctrinæ ravelatæ adversentur,
tanquam vera retineri neque ab Ecclesia proscribi possint, ana-
thema sit. (Ibid. III, c IV, can. 2.)

II

L'antinomie existe-t-elle ?

Voilà bien, aussi fortement et précisément exprimé qu'on le peut faire, le conflit entre la science et la foi. Ce conflit est-il réel ? La contradiction est-elle aussi fondamentale qu'elle est apparente ? C'est ce qu'il faut à présent examiner.

Et tout de suite, je remarque que seul un des deux partis affirme l'existence de cette contradiction. Le dogme de l'opposition radicale entre la science et la foi n'est professé que par ceux qui s'appellent « libres penseurs ». Le catholicisme, au contraire, professe et enseigne que la raison et la foi, que la science et la religion sont, à la vérité, distinctes, mais ne se contredisent pas, ne peuvent même se contredire, car l'une et l'autre procèdent d'une même origine, découlent de la même source qui est la Vérité éternelle (1).

Le catholicisme va même plus loin. Le système entier de ses dogmes repose sur un dogme premier dont la matière et les termes lui sont communs avec toute science et toute philosophie ; c'est à savoir que la raison humaine est ca-

---

1. *C'est la doctrine expresse du concile du Vatican* : Verum etsi fides sit supra rationem, nulla tamen unquam intra fidem et rationem vera dissensio esse potest ; cum idem Deus qui mysteria revelat et fidem infundit, animo humano rationis lumen indiderit: Deus autem negare seipsum non possit, nec verum vero nunquam contradicere. (Ibid, Const de Fide, III, c. IV, 3.)

pable de quelque connaissance certaine. Il est vrai que la
forme de cette affirmation diffère chez le catholique et chez
le savant, le catholique affirme la valeur et la portée de la
raison, non seulement en vertu de l'intuition philosophique,
mais encore par des motifs d'un autre ordre, néanmoins le
catholique et le savant disent tous les deux, dès le début,
la même chose : La raison humaine est capable de certitude (1).

Et si le catholicisme affirme ce dogme fondamental, c'est
précisément parce qu'il reconnaît ce que proclamait tout à
l'heure la libre pensée en croyant le proclamer contre lui,
à savoir que rien n'a le droit d'entrer dans l'esprit de
l'homme, sans que l'intelligence ait eu des motifs raisonnables de l'accepter, que la raison ne peut recevoir que ce
qu'elle juge recevable, et qu'il est enfin déraisonnable de
croire sans raison à quoi que ce soit. L'autorité elle-même
et la révélation et les dogmes doivent fournir leurs titres à
l'acceptation pour que cette acceptation soit légitime. Les
motifs rationnels de la crédibilité, s'ils ne sont pas suffisants
à déterminer la foi, l'assentiment complet de l'intelligence
à la vérité religieuse, sont tout au moins nécessaires (2).
Et il peut bien y avoir dans la foi des choses qui dépassent
la raison, il n'y en a aucune qui la contredise, aucune qui
se passe tout à fait d'elle. — Par toute cette doctrine, le
catholicisme ne professe-t-il pas, lui aussi, l'autonomie et
l'indépendance légitime de la raison ? Et en exigeant que
l'autorité, pour être acceptée, fasse devant la raison valoir

1. C'est le sens évident du chapitre II de la Constitution
de Fide où le concile du Vatican pose la raison à la base de la
révélation en lui confiant l'office de prouver l'existence de Dieu :
*Eadem sancta mater Ecclesia tenet et docet, Deum, rerum omnium
principium et finem,* NATURALI HUMANÆ RATIONIS LUMINE *e rebus creatis*
CERTE COGNOSCI *posse.* (*Ibid. III, c. II,* 1.)

2. *Ut nihilominus fidei nostræ obsequium rationi consentaneum esset,
voluit Deus cum internis Spiritus Sancti auxiliis externa jungi reve-
lationis suæ argumenta.* (*Ibid. III, c. III,* 2.)

ses titres, ne proclame-t-il pas que seule la raison est juge
en dernier ressort de la légitimité des autorités auxquelles
elle reconnaît se devoir soumettre ? Il y aurait donc, sur
ce point au moins et dès le principe, identité de vues entre
le catholicisme et la science.

Mais tout de suite après, en vertu des considérations ex-
posées plus haut, l'accord ne cesse-t-il pas ? D'un côté la
liberté de l'examen et de la pensée, de l'autre, l'assujettisse-
ment de la foi. C'est à cette opposition même qu'il faut
maintenant nous prendre.

Et d'abord, il faut remarquer que le libre examen ne
doit, en aucune manière, se confondre avec la libre pensée.
Si la science n'est pas libre de soumettre à ses investigations toutes les propositions quelles qu'elles soient, il n'y a
plus de science, mais le but même de cette liberté d'investigation, c'est la constitution scientifique de la pensée. Or,
de tous les caractères qui déterminent la pensée une fois
scientifiquement constituée, s'il y en a un qui ne se ren-
contre jamais, c'est précisément celui de la liberté. Et cela
pour une raison bien simple c'est que ce qui est libre ne
saurait être déterminé, et que rien de ce qui est indéter-
miné ne peut être scientifique, attendu que le scientifique
est justement le déterminé. Une pensée libre est une pensée à l'état naissant, encore flottante parce qu'elle est im-
précise et vague, parce qu'elle manque de ce qui la fait
être précisément à titre de pensée, c'est-à-dire de ses propres
déterminations internes. Comme l'a si justement remarqué
Auguste Comte, dès qu'il y a science, il ne saurait plus y
avoir liberté de pensée. Celui qui se proclamerait libre de
penser que $2 + 2 = 5$ aussi bien que $= 4$, que les trois
angles d'un triangle égalent ou n'égalent pas deux droits,
que les corps tombent ou bien qu'ils ne tombent pas, serait
à bon droit regardé comme un fou ou comme un sot.
C'est que la seule pensée que l'on puisse appeler libre
est celle qui va exister peut-être, mais n'existe pas

encore. Le libre penseur, c'est celui qui ne pense pas.

Mais la liberté de l'examen est tout autre chose que la
liberté de la pensée. Celle-ci n'est qu'une prétentieuse
ânerie, celle-là est une condition de la science. Je sais bien
que les catholiques, trompés par le langage et les confusions
voulues de leurs adversaires, n'ayant peut-être pas démêlé
tous les éléments de la question, ont trop souvent confondu
les deux choses. Il y a, ce me semble, tout intérêt à faire
cesser cette confusion.

Cependant, va-t-on dire, si le libre examen est une condition de la science, vous accordez donc qu'on doit douter
de tout ce que l'on veut prouver, et, par conséquent, vous
reconnaissez non seulement que l'on peut, mais que l'on
doit douter des vérités de la foi quand on veut les établir
scientifiquement et que, par exemple, l'historien doit douter
de la réalité de la vie du Christ au moment où il veut en
traiter par la méthode historique. Or, il est trop clair qu'il
n'est pas permis à un catholique de mettre volontairement
en doute, ne fût-ce que par provision et pour un instant, la
réalité de la vie du Fils de Dieu.

Ce raisonnement est de tous points excellent et le catholique qui admettrait en ce sens le libre examen, ne serait
plus catholique. Et néanmoins je continue à soutenir avec
les savants et les philosophes modernes que le libre examen
et le doute préalable sont des conditions nécessaires de la
science. Seulement, à mon sens, et il me paraît facile de le
montrer, le libre examen et le doute portent sur autre chose
que sur la vérité de la proposition en question, en sorte
que les exigences de la foi demeurent sauves et que celles
de la science ne le sont pas moins, car il est non moins aisé
de faire voir par la pratique des sciences que le libre examen et le doute portent en effet très souvent, sans que la
pureté scientifique soit altérée, uniquement sur cette autre
chose distincte de la vérité intrinsèque de la proposition
que nous considérons.

III

La liberté d'examen porte sur la forme.

Quelle est donc cette autre chose ? — C'est tout simplement le caractère scientifique ou non de la proposition. Car autre chose est dire : *Cette proposition est vraie* ; autre chose est dire : *Cette proposition est scientifique.* Dans le premier cas, on affirme que la proposition correspond à une détermination de l'existence réelle ; dans le second cas, on affirme qu'il y a en plus démonstration de cette correspondance. Je suis certain, j'affirme comme vrai que la terre tourne ; seuls les astronomes en ont une démonstration. Pour moi, l'affirmation de la révolution de la terre sur elle-même est un acte de foi ; pour les astronomes, cette même affirmation est un acte de science. Si je me mets à étudier l'astronomie, je n'aurai nul besoin de douter de la révolution de la terre : je devrai seulement examiner et douter en conséquence si cette révolution est ou non démontrable scientifiquement. De même l'élève qui apprend la géométrie croit très volontiers et très fermement le professeur, alors que celui-ci affirme la vérité des théorèmes au moment de leur énoncé ; l'élève examine ensuite si la démonstration est probante, sans que le résultat de cet examen entame en quoi que ce soit sa croyance en la vérité. Car si la preuve est mal faite ou s'il ne la comprend pas, il n'en continue pas moins à croire à l'exactitude de l'énoncé. En chimie ou en physique, il en va tout pareillement : on admet la vérité

des lois sur la foi des savants autorisés, et, si l'on vient à
s'enquérir de la preuve, on continue de croire alors même,
comme il arrive, que l'expérience du laboratoire ne réussit
pas, que, par conséquent, la preuve scientifique n'existe
pas.

C'est qu'en effet nous entrons en communication avec le
vrai de trois façons différentes : par autorité, par expérience
ou bien par raisonnement. Et nous pouvons connaître souvent la même chose de deux de ces façons, et parfois des
trois. Par exemple si un savant honnête homme a calculé
le volume d'un cylindre, j'admettrai avec certitude le résultat de son calcul et alors je connaîtrai à l'aide de l'autorité ; si je mesure moi-même la hauteur et le diamètre du
cylindre et que, connaissant la géométrie, j'applique les formules et calcule le volume, je connaîtrai ce volume par raisonnement ; si enfin je plonge le cylindre dans un vase
plein d'eau, que je recueille avec soin l'eau surabondante,
que je la mesure ensuite, j'aurai la connaissance expérimentale du volume du cylindre. Dans les trois cas le volume du cylindre n'a pas changé, mon affirmation n'a pas
varié, seuls ont varié les motifs de mon affirmation et avec
eux mon état psychique au moment de cette affirmation ;
pour employer les mots de l'Ecole, le contenu matériel, la
matière de la proposition n'a pas changé, seule sa forme a
changé, On peut donc distinguer dans les propositions leur
caractère formel du contenu matériel. Le libre examen et
le doute portent sur ce caractère formel sans porter sur la
matière. On ne se demande pas d'une proposition qu'on
sait d'une façon quelconque être vraie, *si elle est vraie*, on
se demande seulement *si elle est* ou *si elle n'est pas scienti-*
fique. Et rien dans le dogme n'interdit au catholique de se
poser cette dernière question. Ainsi les droits de la science
sont maintenus sans que ceux de la foi soient le moins du
monde entamés.

Car la science, en ses procédés, reconnaît ces distinctions, et on ne voit pas que, pour faire de la physique ou de la chimie, même sur les domaines communs, le savant consente à douter des mathématiques. Après avoir déduit, par exemple, géométriquement, que, d'après la loi d'incidence, le foyer d'un miroir concave doit être à égale distance du centre de courbure et du centre de figure, le physicien, si, par impossible, l'expérience ne vérifiait pas sa prévision, ne songerait pas le moins du monde à douter des vérités géométriques, il se contenterait d'examiner de nouveau la loi d'incidence et de critiquer son dispositif expérimental. Bien plus, s'il se trouve en présence d'un résultat admis par l'universalité de ses pairs, le savant, alors même qu'il n'arriverait pas à confirmer ce résultat par l'expérience, continuerait encore à l'admettre par autorité, ne se croirait pas scientifiquement disqualifié pour cela et pourrait légitimement demeurer en cet état jusqu'à ce qu'enfin une expérience définitive lui vînt montrer avec évidence une erreur dans les expériences de ses devanciers.

La science n'exige donc pas autre chose pour assurer la liberté de l'investigation et de l'examen, que le doute sur le caractère formel de la proposition, sur l'existence ou la non existence de la preuve dans l'ordre d'un procédé de connaissance particulier. Il ne faudrait pas croire, comme on le dit trop souvent avec inexactitude, que l'autorité ait été à jamais bannie de la science par Bacon, par Descartes et par les méthodologistes modernes L'autonomie scientifique est réelle, mais elle n'est pas d'ordre individuel, elle relève de l'ordre social. La science est chose sociale. Comment donc feraient les astronomes, s'ils ne devaient pas se fier aux observations de leurs prédécesseurs ? Et les médecins, s'ils ne se fiaient pas à leurs confrères ou à leurs devanciers ? Et les physiciens et les chimistes, s'ils n'acceptaient pas les résultats acquis, reconnus pour tels par l'assentiment unanime des gens compétents? Et les calculateurs et les mathématiciens eux-mêmes, s'ils ne se fiaient pas aux tables logarith-

miques ? La science dans son œuvre progressive et quelles
que soient ses exigences théoriques, retombe dans le domaine de la pratique. Or, la pratique humaine ne va pas
sans la collaboration et sans le concours humain, donc sans
la confiance et la foi. Il est facile de démontrer que si le
physicien, ou le chimiste, ou tout autre savant dans l'ordre
des sciences de la nature ne voulait admettre que ce qu'il
aurait lui-même expérimentalement vérifié, s'il voulait se
conformer aux prétendues lois du doute et de l'examen universel, il viendrait très vite un moment où, en vertu des
exigences mêmes de la méthode, à cause de la multiplicité
des expériences à répéter et de la brièveté de la vie humaine, la science serait condamnée à ne plus faire aucune
découverte ni par conséquent aucun progrès. En sorte que
la condition d'existence de la science tuerait la science et
que ce qui devait la faire vivre l'empêcherait de grandir.
Les savants dans la pratique ont échappé aux liens mortels
où voulaient les enlacer quelques philosophes, les progrès
continus de la science sont dus à cette pratique, cette pratique a donc pour elle la confirmation du succès et, ainsi
que nous l'avons vu, comme nous allons le voir encore, la
confirmation d'une théorie moins aventureuse, mais non
pas moins raisonnée, d'une méthode plus large, mais non
pas moins légitime.

IV

La science étant constituée par la preuve, le caractère démonstratif de la preuve peut toujours être examiné.

Il y a science, en effet, toutes les fois qu'il y a preuve et quel qu'ait pu être l'état d'esprit de celui qui a disposé la preuve, si le psychologue peut s'en enquérir, le logicien n'a pas à s'en occuper. Les principes sont-ils solides, les raisonnements sont-ils concluants, les expériences sont-elles probantes ? Voilà les seules questions que doit résoudre le logicien. Que venez-vous vous inquiéter de mes croyances intimes ou de mes superstitions ? Voici mes raisonnements, eux seuls vous regardent, seuls ils sollicitent votre critique, ou votre réfutation, ou bien votre assentiment. Suis-je bouddhiste, païen, fétichiste, musulman ou chrétien ? Cela doit vous être tout à fait indifférent. Mon œuvre vaut ce qu'elle vaut. Elle porte en elle-même de quoi montrer sa valeur. A cela seul vous devez vous attacher. Et ne savons-nous pas que quelques-unes des découvertes scientifiques les plus remarquables sont venues à leurs auteurs d'idées vraiment extraordinaires et qu'on pourrait même dire saugrenues ? Qu'importe si elles sont vraies ? Et qu'importe que Kepler ait déduit — ou cru déduire — la loi des ellipses de la considération de la Trinité ? L'important est de savoir si cette loi peut se vérifier par des pro-

cédés astronomiques Elle le peut, elle est donc prouvée et
scientifique par cela même.

La forme scientifique de toutes les propositions, quelles
qu'elles soient, et par conséquent des propositions de la foi
catholique comme des autres, est ainsi susceptible d'être
examinée. Peut-on ou ne peut-on pas fournir une preuve
directe par la voie de l'expérience ou bien du raisonnement
de telle ou telle proposition affirmée sur la foi de l'autorité, et ainsi ce qui ne relevait tout à l'heure que des
sciences historiques peut-il aussi relever des sciences expérimentales, des sciences mathématiques ou philosophiques?
Telle est la question qu'aucun dogme ne peut empêcher de
se poser. Ou même cette proposition que l'éducation et la
pratique m'ont inculquée, que l'expérience religieuse a con
firmée dans mon âme, qui fait partie maintenant de toute
ma vie intérieure, par exemple, la foi à l'existence de Jésus-
Christ, est-ce que je peux ou ne peux pas en découvrir la
preuve historique? Ici encore la foi me laisse entièrement
libre. J'ai le droit d'examiner. Si je découvre la preuve
cherchée, l'existence de Jésus-Christ sera pour moi scientifique sans devenir plus certaine ; si je n'arrive pas à la
preuve, ma foi sera de pratique, de tradition, de coutume,
de sentiment, non moins vive, ni même, en soi et prati-
quement moins raisonnable, mais elle ne sera pas stricte-
ment fondée en raison, faute de substructions scientifiques.

La division du travail est la loi du labeur intellectuel ainsi
que de tous les autres : il est donc contraire à cette loi que
les théologiens dissertent au nom de la théologie sur les
sciences de la nature et aussi bien que les sectateurs des
sciences de la nature s'occupent des questions spéciales de
théologie. Les questions sont spéciales, spéciales doivent
aussi être les réponses et les méthodes par lesquelles on
les découvre. L'indépendance analytique des méthodes scientifiques doit donc être entière et, bien loin que ce soit là

une doctrine contraire au catholicisme, c'est au contraire ce que proclame en termes exprès le concile du Vatican : « Tant s'en faut, dit-il, que l'Eglise mette obstacle à la cul- « ture des arts et des sciences humaines, qu'elle les favo- « rise et les développe en mille façons. Car elle n'ignore ni « ne méprise les avantages qui en découlent pour la vie des « hommes, mais bien plus elle reconnaît que ces arts et « sciences, comme ils viennent de Dieu, Seigneur des « sciences, de même, si on les cultive comme il faut, « doivent, sa grâce aidant, conduire à ce même Dieu. Ni « elle ne défend pas que ces disciplines, chacune dans son « domaine, usent des principes et de la méthode qui leur « sont propres ; elle leur reconnaît, au contraire, cette « juste liberté (1). » Mais cette « juste liberté » si elle in- terdit à la théologie d'intervenir sans raison dans le procès scientifique, interdit de la même façon aux sciences de dé- passer leur domaine et de faire invasion dans le domaine de la théologie. Et sans doute, à cause de l'unité synthétique de l'esprit humain, un moment viendra où les conclusions de la théologie et des sciences de la nature devront être confrontées, où, par conséquent, pourraient se produire quelques conflits. Ces conflits, l'Eglise n'admet pas qu'ils puissent être réels, ils ne sauraient venir que de la faute des théologiens qui prennent pour dogme ce qui n'est pas dogme, ou de la faute des savants qui prennent pour une vérité établie une hypothèse énoncée. « Dieu ne peut se « nier lui-même, ni le vrai contredire au vrai. L'apparence

---

1. Quapropter tantum abest, ut Ecclesia humanarum artium et disciplinarum culturæ obsistat, ut hanc multis modis juvet atque promoveat. Non enim commoda ab iis ad hominum vitam dima- nantia aut ignorat aut despicit : fatetur imo eas quemadmodum a Deo, scientiarum Domino, profecta sunt, ita si rite pertractentur ad Deum juvante ejus gratia, perducunt. Non jam ipsa vetat, ne hujusmodi disciplinæ in suo quæque ambitu propriis utantur prin- cipiis et propria methodo. (Const. de Fide III, c. IV, 4.)

« vaine de cette contradiction naît le plus souvent de ce que
« ou les dogmes de la foi ne sont pas compris ou exposés
« selon la pensée de l'Eglise (*voilà pour les théologiens*), ou
« bien de ce que des opinions hypothétiques sont regardées
« comme des décrets de la raison (*et ceci est à l'adresse des*
« *savants*) (1). » Si donc la liberté est complète dans chaque
domaine, si l'indépendance est entière tant que durent les
recherches spéciales et analytiques, au moment de la con-
frontation synthétique, il faut de toute nécessité, en cas de
conflit apparent, que le mode de connaissance le moins
utile et le moins certain cède au plus utile et au plus certain. Aussi, continue le texte que nous citions tout à l'heure,
« tout en reconnaissant cette juste liberté, l'Église veille
« soigneusement à ce que les sciences, par répugnance pour
« la doctrine divine, ne reçoivent chez elles des erreurs
« ou à ce que, dépassant leurs légitimes frontières, elles
« occupent et viennent troubler le domaine de la foi (2). »

Le savant conserve donc dans son laboratoire la plus entière liberté, ce n'est que lorsqu'il veut sortir de son domaine, s'il veut philosopher ou catéchiser, qu'il risque de se
heurter au théologien. Mais celui-ci, parce qu'il est théologien, n'a pas pour cela nécessairement gain de cause, il faut
encore qu'il y ait certitude que sa théologie interprète fidèle-
ment sans addition ni omission la pensée même de l'Eglise.
Ce qui revient à dire que seuls les savants vraiment théologiens ou les théologiens véritablement savants, en état de

1 .. Cum Deus autem negare seipsum non possit, nec verum
vero contradicere. Inanis autem hujus contradictionis species inde
potissimum oritur, quod aut fidei dogmata ad mentem Ecclesiæ
intellecta et exposita non fuerint, vel opinionum commenta pro
rationis effatis habeantur. (Ibid c. IV, 3).

2. Sed justam hanc libertatem agnoscens Ecclesia, id sedulo
cavet ne divinæ doctrinæ repugnando errorem in se suscipiant
humanæ artes et disciplinæ, aut fines proprios transgressæ ea,
quæ sunt fidei, occupent et perturbent. (Ibid. c. IV, 4.)

comprendre avec une rigueur parfaite tous les termes de la question, sont aptes à se prononcer et à trouver le point qui concilie tout. Et ce point doit exister. Les conflits ne sont jamais qu'apparence. Rien n'est plus sage, plus scientifique que cette doctrine de l'Eglise. Elle est tout à fait conforme aux lois de la division du travail intellectuel et nous avons vu plus haut que, dans la pratique, les savants suivent des règles absolument analogues, lorsque, entre les divers modes de connaissances, il se produit une apparence de conflit. Le raisonnement évident l'emporte même sur l'expérience et l'expérience personnelle cède souvent à l'autorité d'un ensemble de témoignages compétents.

V

La liberté du savant catholique.

Ainsi il n'est pas une seule proposition dont on ne puisse librement chercher la preuve dans un des trois ordres de la connaissance. Et le catholicisme permet toutes les audaces de la pensée.

« Bien loin que la foi nuise au progrès de l'intelligence, a dit un évêque illustre, dans l'ordre de la raison, elle l'y pousse énergiquement. Certain, comme il l'est, que l'objet de sa croyance est inexpugnable, le chrétien est possédé du désir de la glorifier par les épreuves les plus hardies. Il est sûr d'avance que tout en lui et hors de lui est en accord parfait avec la foi. Cela lui sert d'aiguillon pour explorer les domaines de ces sciences disciplinées de toute éternité. Chaque course qu'il y achève est un triomphe. Il le sait, pourquoi s'arrêterait-il ? Ceux qui redoutent les pays splendides de la croyance, qui, sous couleur de liberté, ne veulent ressortir que de leur raison, prétendraient vainement à l'allure audacieuse du chrétien, au point de vue de l'investigation scientifique. Ce qui fait la force et l'impétuosité du génie chrétien, c'est sa complète certitude que rien ne lui est hostile dans l'univers créé. Les axiomes, les lois, les faits intellectuels, les faits de l'ordre physique, tout est un fragment de l'hymne en l'honneur de son symbole. Il a donc hâte de ramasser ses notes éparses. L'homme de

simple raison n'a pas cette forte quiétude, ni les espérances
aussi vastes (1). »

Tout le vaste domaine des hypothèses les plus aventu-
reuses, même les plus extravagantes, peut en effet s'ouvrir
devant la recherche du catholique. Et tout le bien qu'on
espère de la liberté de la recherche, bien réel d'ailleurs
quoiqu'acheté cher, le catholicisme permet de le retirer de
l'observation de sa discipline et de ses méthodes. Car rien
n'interdit au penseur catholique de procéder en tout ordre
de matières par voie de discussions exhaustives, d'examiner
par conséquent toutes les hypothèses possibles sur une proposition donnée et de se ranger à la seule hypothèse qui
s'accorde à la fois avec les faits dûment constatés et avec
les principes de la raison. C'est ainsi que procédaient les
scolastiques et on ne peut qu'être émerveillé du sang-froid
et de la liberté d'esprit avec lesquels un saint Thomas examine l'hypothèse de l'athéisme, par exemple, ou du fata-
lisme, ou du panthéisme : *Videtur quod Deus non sit ; videtur quod voluntas necessitate moveatur suo objecto ; videtur
quod homo non sit liberi arbitrii ; videtur quod anima non
sit facta sed sit de substantia Dei.* On nous vante les con-
quêtes que la pensée humaine peut faire en s'écartant de la
voie étroite et rigide de la vérité traditionnelle, on prend
en pitié et on raille le catholicisme, qui interdit les nobles
chevauchées de l'intelligence et les sublimes aventures de
la pensée. Or, le savant, le philosophe catholiques ont le
droit aussi de partir à la découverte des terres inconnues.
Ils ont le droit de chercher la vérité partout où elle peut
se cacher, de soulever toutes les questions, d'examiner
toutes les réponses. Seulement, tandis qu'ils courent les
aventures, comme leur en fait une obligation la curiosité

1. *Un évêque d'autrefois, Mgr Berteaud*, par l'abbé BRETON. C.
IV. § 2, 1, citation de l'évêque, p. 251, 1 vol. in-8, BLOUD et
BARRAL, 1898.

scientifique, ils s'abstiennent de les courir tout à fait à l'aventure. Et en cela ils ne font que se montrer méthodiques et raisonnables. Ils s'adressent à leur raison pour tracer la route, ils gardent soigneusement les principes qui leur permettent de discerner le vrai du faux et leur permettent d'asseoir scientifiquement leurs conclusions. S'élançant comme Colomb à la découverte d'un monde inconnu, ils ont du moins une direction générale et ils se gardent bien de rejeter la boussole. Ayant tour à tour le droit de scruter toutes les hypothèses possibles, il n'est aucun domaine de la pensée qui leur demeure interdit. La seule chose qu'ils ne puissent faire, c'est de penser que toutes les hypothèses se valent, que la vérité parce qu'ils la cherchent partout, ne se trouve nulle part.

On oublie souvent, en effet, par la façon dont on parle, les droits de la vérité et, en ayant l'air de prendre le parti de la science, on ne fait qu'ouvrir la porte au scepticisme. c'est-à-dire à l'ennemi né de la science même. C'est que s'il est vrai, ainsi que le professe le catholicisme, que la vérité, dans tous les ordres, demeure toujours d'accord avec elle-même, il est non moins vrai qu'il est de l'essence de l'erreur de se détruire elle-même et, par conséquent, alors qu'elle prétend fournir à la science ses conditions d'existence, de nier toute vérité et d'enlever à la science jusqu'à son objet. C'est ce que nous allons maintenant montrer.

CHAPITRE II

I

L'existence d'une vérité objective.

Nous avons fait voir que non seulement le catholicisme
n'est pas antithétique à la science, qu'il peut s'accorder
avec elle, qu'il laisse la place libre à toutes les exigences de
la critique et des méthodes scientifiques, mais encore qu'il
permet à l'esprit de scruter toutes les idées, de critiquer
toutes les hypothèses, c'est-à-dire toutes les possibilités de
pensée afin de peser ce qu'elles valent scientifiquement. Le
catholique a donc le droit, aussi bien que tout autre, de se
représenter toutes les pensées possibles, il est donc aussi
libre que quiconque. Ce qui lui est interdit, c'est de croire
que toutes ces pensées se valent. La liberté qui lui est re-
fusée, c'est celle de ne jamais se fixer, de jouir en pur
dilettante des aspects et comme des colorations de chaque
hypothèse sans se décider à reconnaître que parmi elles les
unes sont fallacieuses et décevantes et que les autres seules
méritent qu'on les adopte et qu'on en fasse les maîtresses

et les directrices souveraines de la vie. Mais ces exigences
du catholicisme, loin de le mettre en antagonisme avec la
science, font découvrir entre la science et le dogme de
véritables affinités, si profondes et si réelles qu'elles sont
vraiment surprenantes. La science, en effet, suppose chez le
savant certaines croyances, certains postulats ou premiers
principes, comme on voudra les appeler, et en même temps
elle exige un certain nombre de dispositions d'esprit.
Or, de son côté, le catholicisme, en même temps qu'il
exige du croyant certaines dispositions intérieures, suppose
aussi chez lui la reconnaissance de certains principes.
Si donc il se trouvait, comme on verra bien qu'il se
trouve, que les postulats ou principes de la science sont les
mêmes que ceux du catholicisme, que les dispositions intel-
lectuelles, nécessaires au savant pour penser selon la science,
sont tout à fait analogues sinon identiques aux dispositions
morales exigées du catholique pour vivre selon la foi, nous
aurions bien montré, ce me semble, que l'esprit du catholicisme et l'esprit de la science, l'esprit catholique et l'esprit
scientifique, loin d'être nécessairement ennemis ne sont au
contraire que des manifestations très voisines quoique diverses d'un seul et même esprit, l'esprit de lumière et de
vérité.

Et tout, en effet, part de là. La science n'a de raison
d'être que par l'existence de la vérité et le catholicisme ne
peut vivre que s'il y a une vérité. Voilà le premier principe
commun à la fois à la science et au catholicisme : il y a
une vérité. Un second principe également commun aux
deux doctrines découle immédiatement du premier : l'esprit
humain est capable d'atteindre cette vérité. La raison humaine, l'intelligence a une valeur. Le scepticisme est un
faux système. Il y a un moyen de sortir de l'incertitude
et du doute. La preuve est possible dans les divers ordres
de connaissances.

Il y a autre chose encore. La science comme le sens

commun admet l'existence du monde extérieur : si les savants n'avaient pas cru à cette existence, à la possibilité de tirer de sa connaissance des formules de pratiques qui réussiront plus tard, la science ne serait pas née. Il aurait été bien inutile de se livrer à tant de recherches, à de si longues expériences pour n'analyser que des rêves. Je n'ignore pas la puissance de séduction de l'idéalisme, mais si les philosophes peuvent y succomber, les savants, peuple sur ce point — et heureusement — n'y succombent point et l'idéalisme leur paraît un système étrange.

Le catholicisme professe la même croyance. Le monde extérieur existe, Jésus-Christ fut incarné dans un véritable corps et ne fut pas seulement revêtu de l'apparence d'un corps, ainsi que le prétendaient les Docètes ; les autres hommes, nos frères, existent et nous avons des devoirs vis-à-vis d'eux ; le pain eucharistique est une véritable substance et non pas une simple illusion de notre esprit, une hallucination de nos sens.

Il y a une loi éternelle qui gouverne tous les mouvements de l'univers matériel, un « axiome éternel prononcé au sommet des choses (1) », dit la science ; c'est pour cela qu'il y a des lois de la nature, lois fixes, lois immuables alors même qu'elles conditionneraient ou régleraient l'universelle évolution, et c'est à cause de la fixité, de la régularité de ces lois que la science, appuyée sur la connaissance du passé, peut prédire l'avenir. « Savoir pour prévoir, afin de pourvoir », écrivait Auguste Comte. Mais cela n'est possible qu'à la condition que l'avenir prévu et auquel on veut pourvoir ressemble au passé d'où l'on a extrait ce qu'on sait.

Le catholicisme répète ces mêmes choses à peu près dans les mêmes termes. L'axiome éternel existe aussi pour lui ; seulement il reconnaît une voix ou un Verbe qui le formule :

1. TAINE : *Philosophes du XIXᵉ siècle.*

Per ipsum omnia facta sunt. Un Dieu transcendant engendre l'Ordre et la Loi dans sa Parole éternelle. Cette transcendance du fondement des lois universelles assure de telle façon leur certitude et leur régularité que plus d'un parmi les savants, par exemple un Newton ou un Leibnits, ont cru que la science n'était certaine qu'à cause que Dieu est ou existe. Et Descartes aimait à répéter : « Les sceptiques n'auraient jamais douté des plus simples propositions de géométrie s'ils eussent connu Dieu comme il faut. »

II

L'immutabilité de la vérité.

Le catholicisme proclame, en conséquence de l'idée qu'il se fait de Dieu, que la vérité dogmatique est immuable, qu'un dogme une fois défini l'est pour jamais. Sans doute il peut bien y avoir et il y a un progrès dogmatique, mais ce progrès, ainsi que l'explique Vincent de Lérins, se fait dans le même dogme et dans le même genre, *in eodem genere et in eodem dogmate*, comme lorsqu'on voit sortir le chêne du gland, ou le papillon de la chrysalide, ou encore, ainsi que dit saint Thomas, comme on voit les conséquences des premiers principes se dérouler explicitement à partir des vérités premières où elles étaient implicitement contenues. C'est exactement ce qui se passe dans les sciences. « Dans les mathématiques, dit Claude Bernard, quand on part d'un axiome ou d'un principe dont « la vérité est absolument nécessaire et consciente, la li- « berté n'existe plus ; les vérités acquises sont immuables. « Le géomètre n'est pas libre de mettre en doute si les « trois angles d'un triangle sont égaux à deux droits ; « par conséquent, il n'est pas libre de rejeter les consé- « quences logiques qui se déduisent de ce principe (1). Les « vérités mathématiques étant immuables et absolues, la « science s'accroît par juxtaposition simple et successive

1. *Introduction à la médecine expérimentale*, p. 65.

3

« de toutes les vérités acquises (1). » Il n'y a ici à re-
prendre que le mot « juxtaposition », car les théorèmes
conséquents des mathématiques ne se juxtaposent pas aux
antécédents, mais ils en sortent naturellement parce qu'ils
s'y trouvaient impliqués. Il n'y a juxtaposition que dans la
table des matières et de l'extérieur ; aux yeux du mathématicien, il y a continuité et déroulement des conséquences
d'un seul et même principe.

Il est vrai que Claude Bernard ne croit pas qu'il en soit
de même pour les vérités de l'ordre expérimental, il estime
que ces vérités ne sont pas immuables. « Dans les sciences
« expérimentales, au contraire, les vérités n'étant que re-
« latives, la science ne peut avancer que par révolution et
« par absorption des vérités anciennes dans une forme
« scientifique nouvelle (2). » Mais il suffit de bien lire
tout le chapitre pour voir que Claude Bernard, partout où
il parle de « vérités relatives », de « formes muables », que
l'on doit être prêt à rejeter et vis-à-vis desquelles il faut
conserver sa pleine liberté d'esprit et réserver la possibilité
du doute, n'a en vue que les théories, que les grandes
idées explicatives qui, en effet, étant toujours provisoires et
ne pouvant se prêter à une vérification expérimentale directe sont susceptibles d'être contredites par une expérience
ultérieure. Mais à côté de ces idées, de ces théories qui
apparaissent comme des vérités provisoires et que, pour
abréger, dans un langage impropre et littéraire, on peut
appeler des « vérités », il distingue fort nettement les « vérités » proprement dites et celles-ci ne sauraient changer.
C'est ce qu'il marque bien tout de suite après dans ce
passage : « Il y a, en effet, deux parties dans les sciences
« en évolution : il y a, d'une part, ce qui est acquis et
« d'autre part ce qui reste à acquérir. Dans ce qui est acquis

1. *Ibid.*, p. 72.
2. *Ibid.*, p. 74.

« tous les hommes se valent ou à peu près, et les grands
« ne sauraient se distinguer des autres. Souvent même les
« hommes médiocres sont ceux qui possèdent le plus de
« connaissances acquises (1). » Et qui est-ce en effet qui
pourrait penser que Claude Bernard a professé qu'un jour
viendrait où on pourrait nier qu'il existe une relation entre
le foie et la production du sucre dans l'économie, entre
le diabète et le plancher du troisième ventricule, entre le
pancréas et l'émulsion du chyle, entre l'absorption du cu-
rare et la paralysie des nerfs moteurs ? Ces relations
sont acquises à la science et alors même qu'on viendrait à
les interpréter autrement qu'on ne le fait, leur vérité pour
cela ne cesserait pas d'exister. Le fait de la relation demeu-
rerait vrai, alors même qu'il viendrait à faire partie d'un
ensemble plus complexe de vérités que Claude Bernard
aurait mal vues, mal définies ou n'aurait pas soupçonnées.
Les théories de la chaleur ont pu bien des fois changer,
mais la loi de la dilatation des corps n'a pas varié et elle
ne variera pas tout le temps que la nature même des corps
ne changera pas.

La conception que le savant se fait de la vérité est donc
la même que celle que le catholique se fait du dogme. Et
cela n'est pas étonnant, car tous les deux ne font qu'obéir
en cela aux lois logiques de l'esprit qui se refuse à penser
qu'une chose ait pu être vraie et venir lentement ou tout à
coup à cesser de l'être.

1. *Introduction*, etc., p. 72.

III

La science moderne admet-elle la mutabilité de la science et de la vérité ?

Il est vrai que de notre temps on a prétendu que cette façon ancienne et logique de comprendre la vérité devait être réformée et qu'à la place il fallait mettre une façon plus souple et plus nuancée. L'esprit de l'homme, nous dit-on, n'est pas l'intelligence parfaite, il ne saurait donc connaître absolument la vérité objective des choses ; tout ce qu'il connaît est relatif à son expérience, dit Auguste Comte, et son expérience elle-même, dit Kant, est relative à sa constitution. Toute notre connaissance est donc relative, relative à nos sens, relative à notre esprit. Mais notre esprit n'est pas immuable, il évolue, il varie, il change ; la vérité elle aussi sera donc changeante, se nuançant d'heure en heure des colorations chatoyantes de notre esprit. Au lieu de considérer le vrai point de vue de l'abstraction logique et de nous le représenter ainsi comme un absolu immuable et fixe, il convient donc de le considérer du point de vue de la vie psychologique et par conséquent de le reconnaître comme relatif, sans cesse en évolution et en mouvement comme la vie elle-même.

Ainsi comprise (nous dit-on), la relativité de la connaissance entraine de graves conséquences, et tout d'abord, une transformation de l'idée de vérité. L'esprit humain s'est longtemps refusé à comprendre une vérité qui ne fût pas immuable. La vérité devait être toujours identique à elle-même, toujours identique pour tous les esprits de tous les temps et de tous les lieux. Il semblait qu'en perdant ce caractère, elle dût cesser d'être elle-même. C'est pourquoi l'esprit humain s'est toujours acharné à la poursuite de l'absolu. Il ne pensait pas qu'aucune vérité fût solidement établie si elle ne reposait sur ce fondement immuable. Sa science était suspendue à une métaphysique. Et ses échecs, mille fois répétés, ne l'auraient pas découragé, si la philosophie positive ne lui montrait enfin que la vérité dont nous sommes capables est toujours relative, sans cesser pour cela d'être vérité. Nous ne sommes pas condamnés à choisir entre la poursuite d'un absolu inaccessible, et la négation de toute science. Il suffit de comprendre que l'intelligence humaine évolue, et que cette évolution est soumise à des lois. Elle traverse des phases successives, dont chacune suppose les précédentes, et les conserve en les modifiant. La connaissance vraie évolue de même. Elle n'est jamais achevée, elle « devient » toujours. Elle n'est pas un « état », elle est « un progrès ».

Il est donc des vérités provisoires, et, si l'on peut dire, temporaires. La science en établit-elle jamais d'autres ? L'idée qu'Hipparque et les astronomes grecs se faisaient du monde céleste n'était pas fausse de tout point. C'était la vérité astronomique compatible avec les conditions générales de la société où ils vivaient. Après les travaux des observateurs du moyen âge, utilisés par Copernic, cette idée a cédé la place à une autre, qui s'est perfectionnée jusqu'à Newton et Laplace. Peut-être celle-ci sera-t-elle modifiée à son tour, à la suite de nouvelles découvertes ? Pareillement on a pensé d'abord que la forme de la terre était une surface plate, puis un disque rond. On se l'est représentée ensuite comme une sphère, enfin comme un ellipsoïde de révolution. Aujourd'hui l'on sait que cette ellipsoïde est irrégulier. Les résultats obtenus dans les sciences de la nature sont des approximations qui peuvent toujours être poussées plus loin (1).

Cette façon d'envisager la vérité scientifique a eu tout de suite ses conséquences sur la manière d'envisager la vérité religieuse, et les théories de M. Sabatier que nous avons récemment examinées (2) ont dû leur succès et leur

1. Lévy-Brühl ; Le centenaire d'Auguste Comte (Revue des Deux-Mondes, le 15 janvier 1898, p. 418).

2. Quinzaine, 15 décembre 1897. — Le catholicisme et la religion de l'esprit. — Bloud et Barral, éditeurs, 1 vol in-18.

retentissement à ce qu'elles s'adaptaient à merveille à un état d'esprit qui paraît assez répandu. Ainsi la conception théologique de la vérité est toujours d'accord avec la conception scientifique. Quand les savants croient la vérité immuable, l'intransigeance et l'immutabilité du dogme n'étonnent personne, c'est bien plutôt les changements, les variations qui seraient un scandale et Bossuet le savait bien qui, pour ruiner le protestantisme, écrivait l'*Histoire des Variations*, laquelle convertit Turenne, et ils l'entendaient aussi de la même manière les ministres Jurieu et Saurin, qui luttèrent contre Bossuet, et se défendaient obstinément d'avoir jamais varié.

Mais le catholicisme n'a pas cru devoir adopter toutes ces idées. Il a maintenu l'immutabilité de ses dogmes et, sans crainte de se mettre ainsi en opposition avec le nouvel esprit scientifique, il a persévéré à soutenir que ce qui a été vrai une fois le sera toujours de la façon même dont il l'a été, que la vérité est fixe et ne peut changer, que la variation, enfin, est signe d'erreur et non pas de vérité. Si donc la science contemporaine avait véritablement renoncé à l'ancienne conception logique de la vérité, il faudrait bien ici arriver à reconnaître qu'il y a une opposition entre le catholicisme et la science et que cette opposition est impossible à lever. Mais quelle que soit l'autorité en matière scientifique du théologien M. Sabatier, ou du philosophe M. Lévy-Brühl, il ne m'est nullement prouvé que la science contemporaine se fasse de la vérité la conception qu'ils lui prêtent. Tous les philosophes que nous avons vus en nos temps combattre l'empirisme, de M. Renouvier à M. Lachelier, nous ont assuré que là où il n'y avait pas de principes nécessaires, là où il n'y avait pas stabilité complète de la pensée, il ne pouvait y avoir une science véritable. Quant aux savants, nous avons vu tout à l'heure la vraie pensée de Claude Bernard et qu'au moment même où il paraissait donner raison à M. Lévy-Brühl et parlait presque comme lui, il ne regardait comme variables que les théories et non pas du tout les vérités acquises à la science, les faits généraux, les lois ou relations dûment constatées, expérimentalement vérifiées. Or, tous les exemples rapportés par M. Lévy-Brühl appartiennent précisément à la classe des théories ou des « idées » scientifiques, pour parler le langage de Claude Bernard, de ces vérités en mue qu'il distingue si clairement des vérités acquises. Mais M. Lévy-Brühl ne nous a pas cité en exemple la somme immense des faits, des lois, des vérités en un mot, qui n'ont pas subi la moindre transformation et que l'on rirait soi-même de supposer variables. Par exemple, que le mouvement produit la chaleur, que le fer, le plomb, l'or, l'argent et en général tous les métaux sont à la fois et ductiles et fusibles, que l'aimant attire le fer, que la chaleur rayonne, que les espaces parcourus par un corps qui tombe sont proportionnels aux carrés des temps, etc. La théorie cosmologique de Newton a été remplacée par celle de Laplace et celle-ci par celle de M. Faye, mais la loi de l'attraction universelle a-t-elle changé, et les lois de Képler, et celles de Galilée ? — C'est vraiment un jeu trop facile... et abusif que d'édifier sur quelques exemples choisis avec soin dans une catégorie toute spéciale d'idées scientifiques toute une théorie de la Vérité.

Dans l'histoire naturelle même, le fait que les mammifères respirent par des poumons a-t-il changé depuis Aristote et croit-on vraiment que les animaux aient cessé de se nourrir à l'aide de leurs viscères intestinaux et de mastiquer avec leurs mâchoires ? — Dans l'histoire, la connaissance de faits nouveaux a bien pu changer l'aspect des événements, changer la physionomie des personnages, faire varier les perspectives, mais la vérité de l'existence de Jules César ou d'Alexandre a-t-elle donc varié ? Il y a eu des erreurs sans doute et des vues incomplètes ou faussées, qui le nie ? Mais pour transformer ces erreurs, ces lacunes

ou ces faussetés en « vérités momentanées » il faut le plus
singulier des abus de mots. Car l'erreur, de tout temps,
c'est ce que quelqu'un a regardé comme vrai, c'est donc, si
l'on veut, la vérité pour ce quelqu'un, mais d'appeler cette
erreur « vérité » sans plus, c'est, pour le stérile et dange-
reux plaisir de faire admirer la souplesse de son esprit, tout
confondre et tout brouiller. Depuis Socrate d'ailleurs, cette
théorie est connue et elle a un nom, elle s'appelle « la sophistique ».

IV

La solidité de la vérité nécessaire à la sociabilité humaine.

Quelle que soit, que puisse être et que doive être la sub-
tilité de notre sens psychologique, il ne faudrait pas cependant croire que l'intelligence humaine soit tout à fait
désossée et que le squelette solide de la logique, malgré
les efforts des sophistes, soit complètement ramolli. Nous
tâchons de nous expliquer comment les erreurs ont pu se
produire, nous faisons ainsi entrer les erreurs dans un système de lois, elles nous apparaissent comme des conséquents
de tel ou tel état du sentiment ou de la pensée, nous les
expliquons par là ; le phénomène psychologique de l'erreur
rentre donc dans un système de vérités. A ce titre, on peut
dire qu'il est une vérité comme un mensonge est un fait
vrai, car il est vrai que le menteur ment. Mais ne voit-on
pas tout ce qu'il y a de sophistique à soutenir, après avoir
reconnu la vérité du mensonge comme fait, que le menteur
a énoncé une vérité ? C'est du point de vue de la psychologie que l'erreur, étant un fait et un fait vrai, peut être
considérée comme vérité. Mais le point de vue de la logique
et de la science, le même que celui du sens commun, est
tout autre : la vérité est la conformité de l'esprit avec le
fait. De ce point de vue, la vérité dans la science aussi
bien que dans le catholicisme ne saurait être qu'immuable
en elle-même, quelles que puissent être les erreurs des
hommes. Et le psychologue lui-même, quand il explique

l'erreur, le pourrait-il faire s'il ne regardait pas comme vraies les lois d'après lesquelles il conduit son explication, et vraies, je ne dis pas seulement pour lui, mais pour les autres hommes auxquels il parle, pour ceux qui vivront après, pour ceux qui ont vécu avant lui, et pour ceux-là mêmes dont il explique l'erreur, en sorte qu'il pense que s'ils étaient à sa place et tout à fait à son point de vue, ils penseraient, ils devraient penser comme lui et reconnaître qu'ils se sont trompés ? Mais cela évidemment suppose qu'il y a un vrai point de vue, une façon centrale de considérer les choses, qui doit les montrer dans leurs vrais rapports. Autrement, la science ne serait que le plus vain des jeux et que le roman plus ou moins bien charpenté de nos pensées.

Ceux qui soutiennent sur l'erreur et la vérité ces théories singulières sont d'ordinaire des philosophes très préoccupés de l'évolution. Tout se transforme, disent-ils, tout change, tout évolue, la vérité sans doute comme tout le reste, le cerveau humain comme les espèces animales et l'intelligence à la suite du cerveau. La figure de ce monde passe. Et dès lors, aucune loi logique ne doit plus être considérée comme parfaitement stable ni par suite aucune loi scientifique. La vérité, la science, sont constituées par le consentement commun des hommes en un temps et en un pays. C'est la façon commune de penser et de sentir. Vérité en deçà des Pyrénées, erreur au delà. — Mais ici encore, à moins de tomber dans un radical scepticisme, comment ne voit-on pas que la communauté de sentiment et de pensée, loin de produire l'objectivité de l'intelligence est produite par elle ? C'est parce que quelque chose distinct des esprits individuels s'impose communément à chacun d'eux qu'ils s'entendent et peuvent s'unir. Car autrement on ne concevrait même pas comment de la diversité individuelle posée en principe, il pourrait sortir une communauté quelconque. Il faut, pour que les hommes s'unissent, pour qu'ils communient en pensée, quelque chose de supérieur à chacun d'eux, de distinct de chacun d'eux. Ils ne peuvent s'entendre même sur les lois de l'évolution que s'ils les considèrent comme réelles, comme capables de s'imposer à toutes les intelligences. Et donc, c'est parce qu'elles ont du vrai qu'ils peuvent s'entendre sur elles. Ce n'est pas l'intelligence qui repose sur la société humaine, c'est la société humaine qui repose sur la communauté de l'intelligence, car il faut s'entendre pour s'unir et on ne peut s'entendre si l'on n'a pas des idées communes, supérieures, par conséquent, aux esprits individuels. Il y a donc des lois de la communauté des esprits. Et la société humaine n'est pas limitée, au moins pour les choses de la pensée, à un temps et à un pays. Nous apprenons le langage des sauvages et nous arrivons à nous faire comprendre d'eux. Nous lisons les livres de l'Inde et ceux de Confucius. Nous avons déchiffré les signes des Hétéens, les inscriptions cunéiformes de l'Assyrie et les hiéroglyphes d'Egypte, nous lisons la Bible et Homère, notre pensée n'est pas plus bouleversée par quatre ou cinq mille ans de durée que par cinq ou six mille lieues d'espace, nous communions véritablement avec toute l'humanité et, si fiers que nous soyons, il ne faut pas nous imaginer qu'un Moïse, un Isaïe, un Platon, un Aristote ou même un Çakia-Mouni et un Confucius fussent tellement dépaysés chez nous. Il y a vraiment à travers le temps, à travers l'espace, une communion de la race humaine, il y a une humanité. Or, cela n'est possible qu'à la condition qu'il y ait entre tous les hommes des expériences communes, de communs principes, par conséquent une vérité permanente. Il faut qu'il y ait une vérité pour qu'il y ait une humanité.

Cela est vrai dans tous les ordres de connaissances et cela se fait voir avec une clarté merveilleuse surtout dans les mathématiques. C'est ici vraiment que les sophistes ont la tâche difficile. Car on ne voit pas qu'il y ait en ces

sortes de vérités les moindres variations. Toutes les fois que
des philosophes, tels que Stuart Mill, au nom de l'empirisme, ou d'autres, au nom du contingentisme ont prétendu que la vérité était susceptible de changement, on a
pu leur demander par la voix de Mansel ou de M. Fouillée
si vraiment ils pouvaient penser qu'un moment pût bien
arriver où 2 + 2 viendraient à égaler 5, où les trois angles
d'un triangle seraient plus grands ou plus petits que deux
droits. Il peut y avoir dans l'histoire des autres sciences une
apparence de variation, ici l'apparence même n'existe plus.
La vérité mathématique demeure fixe, immuable, présen-
tant dans le relatif tous les caractères de l'indéfectible et de
l'éternel. Or, la mathématique a paru à tous les savants les
plus éminents, de Descartes à Auguste Comte, le type ac-
compli de la science. Ce sont donc les caractères de la vérité mathématique qui sont les caractères types de la vérité
dans tous les ordres de connaissances. Et ce sont précisément tous ces caractères : absolue fixité, immutabilité complète, possibilité d'accroissement par voie de développement
interne, mais sans que les découvertes nouvelles puissent,
en quoi que ce soit, contredire les anciennes, que la théologie catholique affirme être ceux de la vérité dogmatique.

V

L'impersonnalité commune à la science et au dogme.

La vérité scientifique présente encore un autre caractère. Cette vérité est *impersonnelle*, c'est-à-dire qu'elle ne dépend pas de l'autorité, de la personne, du génie individuel du savant qui a fait la découverte.

La méthode expérimentale, dit Claude Bernard, et on pourrait en dire autant de toute méthode vraiment scientifique, puise en elle-même une autorité *impersonnelle* qui domine la science... Chaque temps a sa somme d'erreurs ou de vérités. Il y a des erreurs qui sont en quelque sorte adhérentes à leur temps, et que les progrès de la science peuvent seuls faire reconnaître. Les progrès de la méthode expérimentale consistent en ce que la somme des vérités augmente à mesure que la somme des erreurs diminue. Mais chacune de ces vérités particulières s'ajoute aux autres pour constituer des vérités plus générales. Les noms des promoteurs de la science disparaissent peu à peu dans cette fusion, et plus la science avance, plus elle prend la forme impersonnelle et se détache du passé.. La méthode expérimentale est la méthode scientifique qui proclame la liberté de l'esprit et de la pensée. Elle secoue non seulement le joug philosophique et théologique, mais elle n'admet pas non plus d'autorité scientifique personnelle (1).

1. *Introduction*, etc., pp. 74, 75.

Il semble qu'il y ait là une différence profonde entre la vérité scientifique et la vérité catholique, puisque celle-ci professe qu'elle dépend de l'autorité, tandis que celle-là se déclare émancipée vis-à-vis d'une autorité quelconque. Et, en effet, la méthode théologique est une méthode d'autorité. Mais la grande raison pourquoi la science ne saurait se plier au joug de l'autorité, c'est que l'autorité se présente d'ordinaire sous la forme personnelle, liée à la réputation ou au prestige d'un homme, et par conséquent sujette à toutes les déformations individuelles. Ainsi ce que la science réprouve en l'autorité, c'est moins l'autorité elle-même, que les singularités et dès lors les rétrécissements ou les gauchissements particuliers que les individus peuvent faire subir à la vérité ; ce que la science ne peut admettre, c'est la personnalité. Une science qui serait personnelle, propre à un savant particulier, non commune à tous, ne serait plus science. Cela est si vrai que lorsque l'autorité devient, par le concours des compétences, véritablement impersonnelle, la pratique scientifique ne se fait aucun scrupule de l'accueillir, ainsi que nous l'avons vu plus haut. De là sur certains points, l'autorité fort légitime des corps savants et de l'opinion scientifique commune. Et c'est par là que la vérité au sens scientifique vient encore coïncider avec la vérité au sens catholique.

Car l'autorité qui dans le catholicisme enseigne les dogmes n'est nullement personnelle. Alors même que ce serait le Pape en personne qui, remplissant l'office de son infaillible magistère, proclamerait une proposition dogmatique, ce faisant, le Pape ne parlerait pas en son nom personnel. Le Pape, selon l'idée catholique, ne remplit sa fonction papale que lorsqu'il formule non pas son opinion personnelle à titre de théologien ou de docteur privé, mais la croyance universelle de l'Eglise à titre de Pasteur de l'unanimité des fidèles. Ce n'est pas Pie ou Léon qui parle et que les catholiques doivent croire, c'est le Pape qui à cette heure s'appelle Pie ou Léon. Ainsi en ce sens on peut dire que l'autorité enseignante du catholicisme est impersonnelle. Elle ne crée pas le dogme, elle définit la croyance traditionnelle, la promulgue, la fait passer des régions obscures aux régions claires de la conscience religieuse collective, elle la constate, mais elle ne la crée pas. L'autorité enseignante subit elle-même la loi supérieure de la tradition vivante et de la non-contradiction. Elle ne peut, sans se ruiner elle-même, contredire ce qui a déjà été défini ; elle est obligée de se conformer à l'Ecriture et à l'unanimité de sentiment des Pères. C'est précisément parce qu'il n'est pas lié à l'autorité d'une personne, mais à l'autorité universelle de Dieu, que le dogme a pris ce beau nom de catholique. De même que les théorèmes impersonnels des mathématiques sont valables pour l'universalité des intelligences, de même les dogmes impersonnels du catholicisme se proposent à l'assentiment de l'universalité des âmes. La croyance religieuse, reposant sur la vérité objective, n'est ni esthétique, ni relative. Pas plus que la science, la religion ne ressemble à l'art. Selon le mot d'un poète contemporain, que rappelle Claude Bernard, l'art, « c'est moi, la science, c'est nous (1) ». Le catholicisme peut dire exactement la même chose que la science.

On voit donc que les caractères que le catholicisme reconnaît à la vérité dogmatique sont ceux-là mêmes qu'une science, soucieuse de sa dignité et de sa valeur, revendique pour elle même. La vérité religieuse a les mêmes caractères que la vérité scientifique, elle est universelle, immuable fixe, absolue et impersonnelle. Et le catholicisme en maintenant ces caractères de la vérité n'a pas seulement maintenu la vie religieuse, il a encore maintenu en pleine lumière, malgré les obscurcissements sophistiques, les conditions sans lesquelles la science véritable ne peut exister.

1. *Op. cit.* p. 75.

En dehors de la fixité absolue du vrai, la science perd tous ses caractères les plus essentiels, elle cesse, en effet, par là même d'être universelle et de remplir l'office de lien entre tous les hommes de tous les temps et de tous les pays. La connexion des pensées n'existe plus et en même temps l'humanité cesse de former un ensemble pour s'éparpiller en tronçons incapables de se réunir. Il y a donc par le culte commun de la vérité, entre le catholicisme et la science, des affinités profondes. Ces affinités se feront mieux voir encore, si nous mettons les qualités de l'esprit, que la méthode exige du savant, en face des qualités d'âme que la religion exige du catholique.

VI

Affinités de l'esprit catholique et de l'esprit scientifique.

Quand on a quelque connaissance des méthodes morales du catholicisme, il suffit de lire Bacon pour être frappé des rapprochements que l'on est amené à faire. Et c'est Bacon lui-même qui nous y invite, car il ne cesse de répéter que le royaume de la science est semblable au royaume des cieux et que l'on n'y entre, ainsi qu'il est dit dans l'Evangile, qu'à la condition de se faire enfant. A tel point qu'il n'y aurait rien de surprenant à ce que quelque cher-cheur ayant pénétré la doctrine de la prudence professée au moyen âge par tous les docteurs, et ayant suivi les applica-tions de cette doctrine dans la double direction de la théo-rie et de la pratique, de la science et de la vertu, n'arrivât à nous montrer dans cette doctrine de la prudence l'origine commune et de la méthodologie scientifique et de la mé-thodologie morale. Et il serait vraiment piquant, — et il est très vraisemblable — que deux ouvrages aussi différents que les *Exercices spirituels* de saint Ignace et le *Novum Or-ganum* de François Bacon procèdent tous les deux d'une même source philosophique.

Sans entrer dans tout le détail de cet examen, il nous sera du moins permis de rappeler quelques-uns des points les plus essentiels de la théorie de la prudence dans saint Thomas (1).

I. 2ª 2ᵉ q. xlvii-li.

Et d'abord, bien que saint Thomas voie surtout dans la prudence une vertu qui se rapporte beaucoup plus à la pratique
qu'à la spéculation (1), il reconnaît cependant que « l'acte
« même de la raison spéculative, par cela seul qu'il est vo-
« lontaire, dépend de la délibération et du choix quant à
« son exercice, et par conséquent tombe sous la domination
« de la prudence (2) », ce qui signifie que toutes les démarches
de la raison spéculative, en tant qu'elles ont pour objet de
choisir entre les preuves de la vérité découverte, ou entre
les moyens pour découvrir la vérité recherchée appartiennent à la prudence. Mais ces démarches constituent
précisément ce que les modernes ont appelé la *méthode*, et,
par conséquent, toutes les règles que saint Thomas au nom
de la prudence imposera à l'action pratique devront, si l'on
donne à sa pensée toute sa portée, s'étendre à toutes les démarches de l'esprit dans la recherche de la vérité, par conséquent, constituer les lois de l'art de chercher, les règles
de la méthode.

Aussi voyons-nous que, énumérant les parties intégrales
de la prudence, saint Thomas nomme successivement : la
Mémoire, par quoi on peut entendre la collection des expériences antérieures ; l'Intelligence, c'est-à-dire la pénétration de la signification des faits ; la Docilité, c'est-à-dire la
soumission aux règles particulières ; la Discipline, l'Habileté ou Eustochie qui sert à l'invention et fournit les éléments des conjectures fondées ; la Raison, qui du connu
nous conduit à l'inconnu par les voies logiques ; la Pré-
voyance, par laquelle la raison dispose les expériences en
vue de la découverte ; la Circonspection, qui en chaque
ordre de recherches fait varier les observations et les

1. Q. XLVII, art. 2.
2. *Ibid*, ad 2. — *Dici potest quod actus speculativus rationis, se-
cundum quod est volontarius, cadit sub electione et consilio quantum
ad suum exercitium, et per consequens cadit sub ordinatione pru-
dentiæ.*

moyens de découverte : la Réserve enfin ou *Cautio* par laquelle l'esprit évite l'erreur (1).

Par où il est bien aisé de voir que cette réserve et cette circonspection, que saint Thomas nomme en dernier lieu, ne sont autre chose que ce que nos modernes ont appelé la *Critique* ou l'*Esprit critique*. Car saint Thomas dit expressément (2) que la *Cautio* sert à discerner le bien du mal et que ce discernement est tout à fait analogue à celui qui s'opère entre le vrai et le faux dans tout ce qui est contingent. Il est donc évident qu'à la *Cautio* de la pratique morale doit correspondre une *Cautio* dans la pratique des sciences, c'est-à-dire un art de discernement et de critique, uni à une circonspection, à une réserve qui ne nous laissent avancer que pas à pas dans la découverte, à mesure que nous sentons le terrain très assuré. Et c'est bien là ce que les modernes entendent très exactement par la critique et l'esprit critique qu'ils veulent qui accompagnent toujours le savant.

Et si l'on pensait qu'en admettant au nombre des parties de la prudence la Docilité, saint Thomas par là même a enlevé à la science son autonomie, faisant du savant uniquement le répétiteur docile de ses anciens, soumettant tout à l'autorité et qu'il a, par conséquent, un idéal catholique et autoritaire, tout opposé à celui du savant moderne, on se tromperait tout à fait, car on oublierait qu'à côté de la Docilité saint Thomas admet l'Habileté (*Solertia* seu *Eustochia*) et que cette Habileté ou *Solertia* est ce par quoi l'homme par lui-même et sans secours étranger se détermine à inventer comme il faut (3). Et il continue : « Le jugement « droit ou l'opinion droite s'acquièrent dans l'opération « comme dans la spéculation de deux façons : ou par l'in-

1. *Ibid.*, q. xlviii, art. I.
2. *Ibid*, art. viii.
3. *Ibid*, art. iv.

« vention personnelle, ou en apprenant d'un autre (*uno qui-*
« *dem modo per se inveniendo ; alio modo ab alio addiscen-*
« *do*). » Or, si la Docilité nous sert pour apprendre des
autres, c'est l'Habileté ou *Solertia* qui nous fait trouver par
nous-mêmes et l'une n'est pas moins utile, moins indispen-
sable que l'autre. Cette doctrine de saint Thomas qui renferme bien, pour qui sait les y voir, les principes de toute
une méthodologie, on la retrouverait chez tous les scolastiques, chez tous les grands spéculateurs de la pensée catholique. Tous, sous des noms un peu différents de ceux em-
ployés par nos modernes mais avec le même sens, et dans
leur morale au lieu que ce soit dans la logique, recommand-
dent l'esprit de prudence dans la recherche et dans la
preuve, la circonspection et la précaution, d'un seul mot,
l'esprit critique ; tous encore, s'ils estiment que l'autorité a
son rôle légitime dans l'enseignement et la transmission de
la science faite, reconnaissent que l'habileté personnelle du
chercheur, sa pénétration investigatrice doivent aussi être
mises en œuvre pour l'invention de la science qui se fait.

Il n'est donc pas étonnant que nous trouvions le parallé-
lisme le plus constant entre les doctrines les plus fondamen-
tales et les plus communes du catholicisme sur la pratique
morale et les théories acceptées par tous les modernes dans
la méthodologie scientifique. Pour le faire voir, il nous suf-
fira de mettre brièvement en parallèle quelques textes de
Bacon et de Claude Bernard et quelques textes catholiques
pour que, malgré la diversité des objets, on sente le pa-
rallélisme des mouvements de l'âme, l'identité de l'Esprit.

VII

La méthode dans la science et dans la foi.

Et d'abord, à l'origine de toute recherche, il y a le désir de trouver le vrai, la curiosité. L'intelligence va à son bien qui est Dieu. « Vanité des vanités et tout est vanité, sauf « aimer Dieu et le servir seul. Telle est la suprême sagesse, « par le mépris du monde tendre aux royaumes célestes (1). » Ni Descartes, ni Claude Bernard n'insistent sur cet élan de l'âme curieuse vers le vrai, mais Bacon a longuement décrit ce qu'il appelle la chasse de Pan (2), où l'esprit investigateur, à travers la vaste forêt des faits, doit s'attacher en dehors de toute préoccupation étrangère à la poursuite de la vérité. Le but poursuivi par le chercheur est d'arriver « par les véritables degrés de l'échelle ascendante, et sans en « omettre un seul, à l'unité de la vertu (3) », de façon à posséder et à contempler cet « axiome éternel prononcé au sommet des choses » dont tout à l'heure Taine nous parlait. S'unir donc à l'unité suprême de la vérité, tel est bien le but définitif de la science, de même que le but du chrétien est de s'unir à Dieu, de tendre à ce que les mystiques appellent la vie unitive, c'est-à-dire à s'unir au principe su-

1. De Imit. Christ. I, 1, 3.
2. De Augmentis. I, II, 13.
3. Ut per veros et numquam intermissos gradus scalæ ascensoriæ ad unitatem materiæ perveniatur. Partis Instaurationis IIæ delineat. et argumentum.

prême de l'être comme le savant voudrait s'unir au principe suprême du connaître.

Et si le chrétien reconnaît qu'il ne peut arriver à cette vie supérieure qu'à la condition de franchir diverses étapes, de triompher de divers obstacles, le savant reconnaîtra de la même manière qu'il faut s'élever peu à peu et par degrés ; les obstacles qu'il aura à vaincre sont précisément de même nature que ceux contre lesquels a à lutter le chrétien et il en triomphera par des moyens tout à fait semblables.

Le chrétien doit d'abord lutter contre le monde et la dissipation, c'est-à-dire, dans le fond, lutter contre lui-même ; il doit purger son âme des affections désordonnées (1), résister à ses passions et ne pas s'adonner aux choses de l'extérieur, il est « vain de placer sa confiance dans les hommes », il ne faut pas « s'appuyer sur soi-même mais sur Dieu « seul (2) ». « Il ne faut donc pas se fier à toute parole ex- « térieure, ni à toute impulsion intérieure, mais il faut « avec précaution et avec lenteur peser les choses selon « Dieu... Les hommes parfaits n'accordent pas facilement « leur créance à tout ce que l'on raconte, parce qu'ils con- « naissent l'infériorité humaine... C'est une grande sagesse « d'éviter la précipitation dans ses actions, et de ne pas se « tenir obstinément à ses propres sentiments (3). »

Ne croiriez-vous pas en tout cela entendre Descartes alors qu'il nous dit qu'il faut « éviter soigneusement la précipitation et la prévention (4) », ou, avec lui encore, tous les modernes quand ils nous mettent en garde contre un respect exagéré de l'autorité ? Bacon insiste sur la nécessité pour le savant de « purger son esprit (5) », de se débarrasser des *idoles* ou des fantômes qui risquent de le séduire ou de

1. *De Imit.* I, vi. *De inordinatis affectionibus,* 2.
2. *Ibid.* I. vii, 1.
3. *Ibid.* I, iv, 1. 2.
4. *Discours de la Méthode,* II° partie.
5. *Expurgatio mentis. Nov. Org.* I. 69.

le tromper. Toute la célèbre doctrine des « idoles » n'est qu'une théorie de la vie purgative de l'intelligence.

L'œil de l'entendement humain n'est rien moins qu'un œil sec, mais au contraire un œil humide et en quelque manière détrempé par les passions et la volonté, ce qui enfante des sciences arbitraires et toutes de fantaisie... C'est en mille manières quelquefois imperceptibles que les passions modifient l'entendement humain, en teignent, pour ainsi dire, et en pénètrent toute la substance. Mais le plus grand obstacle et la plus grande aberration de l'esprit humain a pour cause la stupeur, l'incompétence et les illusions des sens. Nous sommes constitués de telle sorte que les choses qui frappent immédiatement nos sens l'emportent dans notre esprit sur celles qui ne les frappent que médiatement, quoique ces dernières méritent les préférences... On n'observe que peu ou point les choses invisibles (1).

Ne semble-t-il pas entendre un prédicateur mettant en garde contre les passions et les séductions des sens ?

Il faut donc se défier des sens, mais il faut aussi se défier de soi-même et de ses propres idées, tenir en suspicion le « sens propre », comme parlent les théologiens. C'est ce que nous a dit l'auteur de l'*Imitation*. C'est ce sur quoi saint Ignace insiste dans les *Exercices*, quand il veut faire « discerner les esprits », distinguer l'esprit de vérité qui est universel et non particulièrement nôtre, de l'esprit d'erreur qui, lui, est bien et vraiment à nous ; mais c'est aussi ce que Claude Bernard ordonne au savant (2) :

Les hommes qui ont une foi excessive dans leurs théories ou dans leurs idées sont non seulement mal disposés pour faire des découvertes, mais ils font aussi de très mauvaises observations. Ils observent nécessairement avec une idée préconçue, et quand ils ont institué une expérience, ils ne veulent voir dans ses résultats qu'une confirmation de leurs théories. Ils défigurent ainsi l'observation et négligent souvent des faits très importants, parce qu'ils ne concourent pas à leur but. C'est ce qui nous a fait dire ailleurs qu'il ne fallait jamais faire des expériences pour confirmer ses

1. *Nov. Org.* I, 49. 50.
2. *Introduction*, ch. II, p. 67.

idées, mais simplement pour les contrôler, ce qui signifie, en d'autres termes, qu'il faut accepter les résultats de l'expérience tels qu'ils se présentent avec tout leur imprévu et leurs accidents. Mais il arrive encore tout naturellement, que ceux qui croient trop à leurs théories ne croient pas assez à celles des autres. Alors l'idée dominante de ces contempteurs d'autrui est de trouver les théories des autres en défaut et de chercher à les contredire. L'inconvénient pour la science reste le même.

Ils ne font des expériences que pour détruire une théorie au lieu de les faire pour chercher la vérité. Ils font également de mauvaises observations parce qu'ils ne prennent dans les résultats de leurs expériences que ce qui convient à leur but, en négligeant ce qui ne s'y rapporte pas et en écartant bien soigneusement tout ce qui pourrait aller dans le sens de l'idée qu'ils veulent combattre. On est donc conduit ainsi par ces deux voies opposées au même résultat, c'est-à-dire à fausser la science et les faits.

La conclusion de tout ceci est qu'il faut effacer son opinion aussi bien que celle des autres devant les décisions de l'expérience. Quand on discute et que l'on expérimente, comme nous venons de le dire, pour prouver quand même une idée préconçue, on n'a plus l'esprit libre et on ne cherche plus la vérité. On fait de la science étroite à laquelle se mêlent la vanité personnelle ou les diverses passions humaines. L'amour-propre, cependant, ne devrait rien avoir à faire dans toutes ces vaines disputes. Quand deux physiologistes ou deux médecins se querellent pour soutenir chacun leurs idées ou leurs théories, il n'y a au milieu de leurs arguments contradictoires qu'une seule chose qui soit absolument certaine ; c'est que les deux théories sont insuffisantes et ne représentent la vérité ni l'une ni l'autre. L'esprit vraiment scientifique devrait donc nous rendre modestes et bienveillants. Nous savons tous bien peu de chose en réalité, et nous sommes tous faillibles en face des difficultés immenses que nous offre l'investigation dans les phénomènes naturels. Nous n'aurions donc rien de mieux à faire que de réunir nos efforts au lieu de les diviser et de les neutraliser par des disputes personnelles. En un mot, le savant qui veut trouver la vérité doit conserver son esprit libre, calme, et, si c'était possible, ne jamais avoir, comme dit Bacon, l'œil humecté par les passions humaines.

Claude Bernard est allé ici jusqu'au principe même qui porte le savant à se défier de lui-même, c'est qu'il connaît sa faiblesse et qu'il croit qu'il y a une vérité qui se manifestera d'autant mieux à lui qu'il la laissera parler dans la solitude de la pensée, dans le silence des passions. Or, écoutons maintenant encore l'auteur de l'Imitation : « Parle, « Seigneur, car ton serviteur écoute. Je suis ton serviteur ;

« donne-moi l'intelligence pour comprendre ce que tu me
« dis (1). — Bienheureuses les oreilles qui saisissent à leur
« source les divins murmures et ne se laissent en rien trou-
« bler par les bruits du monde (2) ! — Que par-dessus
« tout te plaise la Vérité éternelle. Tu n'as rien en toi
« dont tu puisses te glorifier, mais beaucoup dont tu
« dois te mépriser ; car tu es bien plus faible que tu ne
« peux le comprendre (3). » Le chrétien doit être humble
et docile aux impulsions supérieures, aux conseils divins.
Comme un enfant s'abandonne aux bras de sa mère et se
laisse amoureusement porter, le chrétien se prête aux lumières, aux sollicitations de la grâce. « Le royaume des
« cieux est pour les enfants et pour ceux qui leur ressem-
« blent, disait Jésus. — En vérité, je vous le dis, si vous
« ne devenez semblables à l'un d'eux, disait-il encore, vous
« n'entrerez point dans le royaume des cieux. »

Et Bacon dit expressément la même chose. Il a, ainsi que
nous l'avons remarqué plus haut, répété en vingt endroits :
« On n'entre dans le royaume de la science que de la
« même façon qu'on entre dans le royaume des cieux, à la
« condition de se faire enfant. » Il faut entrer dans la recherche scientifique avec la nudité de l'âme, la pureté de
l'esprit. Il faut interroger docilement la nature, la laisser
parler à son heure. « *Natura non vincitur nisi parendo.* » Si
quelques expériences ne réussissent pas, recommencer patiemment. « Quand l'expérience infirme l'idée préconçue, dit
« Claude Bernard, l'expérimentateur doit rejeter ou modi-
« fier son idée (4). » Quand l'expérience ne répond pas à
ce qu'on en attendait, ou quand l'observation n'éveille
dans l'esprit du chercheur aucune idée claire, le chercheur

1. III, n, 1.
2. III, 1, 1.
3. III, iv, 3.
4. *Introduction*, etc.. p. 91.

doit attendre patiemment le moment où se montrera à lui
l'idée qui doit lui expliquer ses observations ou le résultat
négatif de ses recherches. Ne dirait-on pas qu'il est con-
vaincu dans sa pratique de la vérité de ces paroles de l'*Imitation* : « Si tu sais te taire et souffrir, tu verras sans nul
« doute le secours du Seigneur. Il connaît le temps et la
« façon de te délivrer ; et pour cela tu dois te résigner à
« lui (1) ! » Et quand Bacon parle de la purification de
l'œil de l'âme, n'a-t-on pas en cette parole méthodique
comme un écho de la liturgie catholique dans laquelle nous
lisons : « De même que ces luminaires enflammés par un
« feu visible chassent les ténèbres de la nuit, faites de
« même, Seigneur, que nos cœurs, éclairés d'un feu invi-
« sible, c'est-à-dire de la splendeur du Saint-Esprit, soient
« délivrés de l'aveuglement de tous les vices ; afin que, l'œil
« de notre âme étant purifié (*purificato mentis oculo*), nous
« puissions voir ce qui vous est agréable et ce qui est utile
« à notre salut (2). » Ce ne sont pas les mêmes objets, ce
ne sont pas les mêmes accents, ce sont bien d'identiques
préoccupations.

Ainsi donc les qualités que la méthodologie exige du
savant sont celles-là mêmes que la religion exige du catholique : la prudence, la défiance des sens, des passions et de
l'autorité individuelle, la modestie, et ce n'est pas assez dire,
l'humilité, l'abnégation, la patience. Ce n'est pas la même
ambition qui les anime, ce n'est pas le même but que pour-
suivent le savant et le catholique, mais leurs dispositions
d'esprit, pour que chacun d'eux arrive à son but et voie
couronnée son ambition, sont tout à fait identiques. La
vertu scientifique est de même forme et composée des
même éléments que la vertu catholique.

1. II, n, 1.
2. *Missale romanum. In fest, Purificat. B. Mariæ.* — Bénédic-
tion des cierges. 3ᵉ oraison.

VIII

CONCLUSION

Nous sommes arrivés au terme de notre recherche et voici ce que nous avons découvert : D'abord il n'y a entre le catholicisme et la science aucune sorte de contradiction. Le catholicisme permet à la science de se développer selon ses méthodes propres, en pleine liberté et en juste indépendance. Il y a des lois de la division du travail mental qui n'ont pas été toujours observées faute d'avoir été assez bien connues, mais qui, une fois connues, s'imposent à l'observation. C'est pour les avoir transgressées que les théologiens ont pu parfois se tromper en matière scientifique, que les savants à leur tour ont professé des erreurs théologiques. Au théologien de construire le système dogmatique de la foi, au savant de formuler les conclusions de ses recherches dans l'ordre particulier de ses investigations. Il n'a à se préoccuper que de la méthode et de la logique. Qu'il n'affirme pour vrai que ce qui lui sera rationnellement ou expérimentalement démontré. Que le théologien à son tour s'abstienne le plus possible de faire entrer dans la systématisation des dogmes des théories empruntées aux sciences profanes. C'est à un savant spécial, également instruit des vérités définies de la foi et des résultats incontestables de la science, qu'il appartient de faire voir qu'il n'y a entre les propositions de la foi et de la science aucune contradiction. Il peut y avoir obscurité, difficulté, il ne peut y avoir véritable désaccord. Mais c'est à la condition que l'on ne regardera comme ré-

sultat incontestable des sciences que les vérités acquises,
stables et permanentes et non pas ces théories, ces systèmes
plus ou moins aventureux qu'on peut bien par emphase
appeler des vérités, mais qui n'en ont que l'apparence. Dieu,
vérité même, principe commun de la science et de la foi,
puisqu'il est l'auteur des êtres, ne saurait se contredire,
ainsi que parle le concile du Vatican. Les sciences peuvent
donc dans le domaine qui leur appartient, comme le proclame encore le même concile, se développer librement,
conformément aux méthodes qui leur sont propres.

Et nous avons fait voir que le savant catholique, qui
peut discuter les unes après les autres toutes les hypothèses
possibles sur une question donnée, jouit de toute la liberté
d'examen qui peut être nécessaire à la constitution de la
science. Il n'y a donc aucune antinomie nécessaire entre les
exigences de la science et celles du catholicisme. Le catholique peut donc prendre devant la science l'attitude du vrai
savant. Bien plus, tout dans sa foi lui commande cette attitude. Car, ainsi que nous l'avons vu, les postulats du catholicisme sont précisément les mêmes que ceux de la science :
l'un et l'autre, en effet, ont besoin, pour exister, de
nier le scepticisme, de croire à la raison et à la force
d'esprit; l'un et l'autre affirment l'existence du monde
extérieur, tous deux enfin professent sur la vérité une doctrine commune. C'est ici peut-être le point central où
convergent toutes les affinités du catholicisme et de la
science. Il semble qu'à l'heure où nous sommes, il n'y ait
plus d'incontesté que la science en ses découvertes positives,
en son incessant progrès, en sa merveilleuse pratique que
le succès impose à la confiance de tous. Or, à cette heure
même, si l'on cherche qui, parmi les écoles de pensée, professe une doctrine de la vérité où puisse reposer l'édifice
scientifique, on ne trouvera plus guère que les théologiens
catholiques et les philosophes qui ne renient pas leur correspondance avec cette théologie. On nous dit que la vérité
mue et se transforme avec tout le reste. La psychologie a

pris la place de la logique et, quand on a expliqué un état d'esprit, on estime l'avoir justifié. Les uns, comme les empiristes et les évolutionnistes, de Stuart Mill à Guyau et à M. Fouillée, pensent que la vérité étant un simple reflet des choses, corps, phénomènes ou idées, et que toutes choses étant sans cesse en évolution, il ne saurait donc y avoir aucune vérité fixe, immuable, éternelle ; les autres, comme les néo-criticistes ou les contingentistes de toute nature, de M. Renouvier à M. Bergson en passant peut-être par M. Boutroux, croient qu'un élément de nouveauté, non prévu et imprévisible se mêle sans cesse aux réalités en sorte que tout ainsi change et tout peut changer. Le changement, disent les premiers, est nécessaire ; le changement, disent les seconds, est contingent, mais tous pourtant s'accordent pour dire : Tout change, rien n'est immuable. Bossuet écrivait jadis : Vive l'Eternel ! Il semble que la philosophie contemporaine réponde : L'Eternel est mort.

Même les mathématiques se sont laissées envahir par la psychologie et des thèses récentes essaient de nous faire voir comment la certitude mathématique elle-même renferme un élément inexplicable qui empêche la parfaite certitude. Mais à travers toutes ces subtilités, malgré elles et contre elles, la science marche, opposant la sereine majesté de son progrès aux critiques qu'on adresse à ses fondements. Les esprits perspicaces voient bien qu'en effet, du point de vue de la conscience individuelle, aucun phénomène concret ne saurait se ressembler, mais ils ne conçoivent pas comment on peut conclure de là que rien ne se ressemble, et par conséquent que rien ne dure. Car la science a précisément pour fonction de dégager l'abstrait du concret, ce qui se ressemble de ce qui ne se ressemble pas et par suite de ce qui passe, ce qui demeure et ne change pas. Dans le concret, d'un point de vue psychologique, tout change ; dans l'abstrait, qui est le point de vue vraiment scientifique et logique, il y a du stable et du permanent. La science a besoin de l'éternel ou autrement toutes ses prétendues découvertes ne seraient pour les hommes à venir que les traditions de vains commérages semblables aux contes de la mère l'Oie.

Le catholicisme aussi a besoin de l'Eternel et il reconnaît son existence. Les qualités abstraites de la vérité scientifique sont les qualités mêmes qui se trouvent vivantes dans le Dieu vivant. Et c'est ce qui nous explique comment le chrétien qui veut monter vers son Dieu doit avoir des vertus de tout point semblables à celles dont doit faire preuve le savant qui veut atteindre le vrai. Tous les deux vont à la même vérité et ils y vont avec la même âme ; le savant seulement avec la partie intellectuelle, le chrétien avec l'âme entière. Ce qui revient à dire que c'est par des vertus proprement chrétiennes que l'on est vraiment savant. Le catholique donc, quand il veut aborder la science, n'a pas à modifier son attitude de catholique ; il devra garder la même attitude dans le temple et dans le laboratoire, en face de la chaire du théologien et de celle du savant. Ici et là, il ouvrira également son âme à l'écho des enseignements divins, il discernera, pour y conformer sa pensée, parmi les phénomènes mouvants et concrets de sa conscience, le dessein abstrait des réalités éternelles.

TABLE DES MATIÈRES

CHAPITRE PREMIER

CHAPITRE II

Saint-Amand (Cher). — Impr. DESTENAY, Bussière frères.

www.ingramcontent.com/pod-product-compliance
Lightning Source LLC
LaVergne TN
LVHW020420090426
835513LV00036BA/864